増補改訂版 幽体離脱入門

霊トレで離脱は誰でもできる！

大澤義孝

アールズ出版

プロローグ

二十一歳のある春の日、私はW.E.バトラーの『魔法修行』という本を手に入れた。これは西洋魔術の実践本で、魔術師になるための初歩の訓練について書かれた本だ。

魔術師といっても手品師のことではなく、オカルティストと呼ばれる人々のことだ。日本に禅や密教があるように、西洋にもそういう精神修養の道がある。

でもこの本、当時の私にはかなり難解で、一度読んでもよくわからなかった。半年ばかり机の下でホコリをかぶったままになっていた。

秋になったころ、その本が再び目に留まり、ホコリを払い落とし、またパラパラと読み始めた。今度はもう少し理解することができた。そして「これは実践しながら読まないと充分にはわからない本だ」ということがわかったのだった。

私は、本に書かれていることを実践してみることにした。この本には「幽体離脱」とは書かれていないのだが、それを意図的に行う技法が書かれている。

この本によれば……

「精妙な物質でできたアストラルボディをイメージによって作り上げ、その体に自分の意識を投射することで、その体に乗り移り、自分の肉体を離れてアストラル界を旅できる」ということが書かれていた。この術を西洋魔術ではアストラルプロジェクションと呼ぶ。今から思うと「よくそんなことを真に受けられたな」と思うのだけれど、若かったので信じやすかったのかもしれない（笑）。

けれど幸か不幸か私にとってそれはウソとはならなかった。とはいえ、書かれていることを何度も読み返しながら忠実に実践したが、なかなかその術は成功しなかった。

訓練を寝る前の習慣にした。そのうちにいろいろと変な兆候が現れた。ウトウトしながら、ふと自分の手を見ると青く光るオーラが見えたり、自分の体がふわふわと波打つように揺れたり、眠りにつくと悪夢にうなされたり、寝ている間に呼吸が止まって苦しくなって目が覚めたりした。これは少し怖かった。

幽体離脱の実践をすると「もしかしたら死ぬんじゃないか？」という恐怖が頭をもたげてくる。なにぶん初めてのことなので、成功しそうに思えても、それが本当にそういうことの兆しなのか判断することができない。そばで教えてくれる先達もいない。当時はインターネットもなくて、こういうことについての情報がほとんど手に入らなかった。

ホントかどうかは知らないけれど「幽体離脱はチベット密教の高僧が使う術」などと世間では神話のように語られていた。

年があけても幽体離脱は成功しなかった。途中で恐くなって訓練を中断したことが何度もあったが、なにか得体のしれない特殊な変化が自分の身に起き始めたことを漠然と感じ、それを頼りに訓練を続けた。

寒さもゆるみ、だいぶ春めいてきた日の朝のことだ。寝ていたのだが、部屋の中に立って、ボーッと部屋の光景を見ている自分に気がついた。窓の外も部屋の中も明るかった。いかにも春の朝という感じ。いつもの自分の部屋だが、なんか空間がゆがんで見える。木でできた窓の枠が妙に湾曲していたりする。

「なんか変だなぁ」と思っていたら、いきなり腰の力が抜け、フニャフニャとその場に倒れてしまった。そしてそのあとで、横向きに寝ている自分の体の姿勢を自覚した。そこで自分が実は寝ていたことに気がついたのだ。

これは夢かもしれないと思ったのだが、とてもヘンな印象があった。「もしやこれがアストラルプロジェクションか？」と考えてもみたが、どうも夢のようではっきりしない。

寝ぼけて立ち上がっていたのだろうか？

でもふとんはちゃんと体にかかっていて乱れた様子はない。

次の日、「もしかしたら」という淡い期待を抱いて、前日とできるだけ同じ条件を整え同じ時間に起きて、再び半眠状態に身を置いて、幽体離脱の技法を試みた。しばらくすると、たいした前触れもなく、私は自分の頭の側からスルッと抜け出した。初めは真っ暗だったが、少したつと視界が開けた。昨日、部屋の中で自意識を保ちながらつっ立っていたのと同様、私は自分の部屋の光景を見ていた。

そして意図的に幽体離脱に成功したことを確信した。

獲得した能力は決してマグレではなかった。その日からしばらくの間、この超越的能力を獲得したことが嬉しくて、毎日うきうきしながら過ごした。毎日のように肉体を離れて、初めて知ったアストラル界の探検に出かけた。

幽体離脱して行く世界のことを幽界もしくはアストラル界と呼ぶ。一見同じに見えるので、現実の世界と間違えてしまう人もいるのだが、西洋魔術では別の世界と見なしていて、物質次元を超えた高次世界だとされている。

アストラル界の現実は物質界の現実とはだいぶ異なっている。

やがてアストラル界では空を飛べることにも気がついた。コツが必要だが、うまく意識をコントロールすると空も飛べるのだ。日常生活（物質界）でできることは、アストラル界でも同様にできる。だが、生身で空を飛ぶことは物質界では絶対にできない。空高くから小さくなった町の屋根をながめながら私はすいすいと飛行した。

私はものすごく面白い遊びを手に入れた。やがていろいろな生き物がその世界には住んでいることがわかった。普通の動物をはじめ、幻獣のような変わった形の生き物もいたりする。絵に描かれたそれではなく、現実に目の前にリアルなそれが出現する。

人間と同じような人々がいることも知った。また人間とはちょっと違う、別の進化系に属している人型の種族もいる。宇宙人がいるとすれば、彼らのようなものかもしれないと思ったりする。

アストラル界に咲き乱れる花や植物は、地上で見るそれよりもはるかに美しく、ものすごく生命力が溢れていて、鮮やかなオーラを発散していた。

私の前にはまったく未知の世界と可能性が開けてきたように感じた。

普通の人には知ることができない、誰も知らない新天地。

こうして暖かい春分の日にすべては始まったのだ。

プロローグ ―― 3

第1章 幽体離脱とは

第2章 まずは幽体離脱の理論を理解しよう！

第3章 さあ、幽体離脱に挑戦しよう！

第4章　幽体離脱に成功したらこんなことをやってみよう！

第5章 幽体離脱をめぐる冒険

第1章
幽体離脱とは

✡幽体離脱はこんな体験

人が睡眠状態に入ってゆくとき、時には入眠時幻覚・幻聴などが現れたりしますが、やがて眠りに落ち意識が消えます。そしてしばらくすると夢を見たりします。このプロセスはよく知られたものですが、実はもう一つ別のコースがあります。

眠りに落ちる少し手前で、自分の肉体感覚が肉体から外れるという体験をするコースがあるのです。肉体感覚と表現しましたが、外れたのは幽体と呼ばれているもので、精神の体です。精神の体は基本的には肉体と同じ姿をし、そのとき自分自身は幽体の中にいると感じます。

肉体と幽体の結合がゆるみ幽体が外れたあとは、肉体から幽体が（自分自身が）フワッと浮き上がるように抜け出します。結合がゆるみ始めたとき、大きな耳鳴りのようなものがすることがよくあります。

最初、視界は真っ暗ですが、やがて目が見えるようになり、多くの場合、自分の寝ていた部屋を見るでしょう。寝ている自分の肉体を見ることもあります。もちろんそれにさわることもできますよ。ちょっと怖いかもしれませんが（笑）。

このように肉体から自分が抜け出す経験が幽体離脱です。

幽体離脱の最中は、幽体の手足を目で確認できるし、自分の幽体に触ってその形を感じることもできます。五感はすべて有しています。自分の姿だけではなく、周囲の景色まで、非常に鮮明かつどこまでも精密に見ることができ、それに触れることができます。

自分の部屋で幽体離脱したなら、畳の目一本一本を数えることができるし、机の引き出しから万年筆を取り出して、ノートに落書きすることさえ可能です。窓を開けて空の散歩にでかけることも可能です。しかもこの世界には友達や親も他人もいるし、時にはファンタジーの世界に出てくるような、見なれない生き物を目にすることもあります。

離脱で行く世界は、一見、肉体から見る世界と同じもののように思われがちですが、それは別の世界です。それについてはおいおい説明していくことにしましょう。

✡幽体離脱は「夢」？

体脱は眠りに落ちる直前で起きるので、それは夢ではないのか、あるいは自覚夢（明晰夢）とどう違うのかなどの質問を、筆者はしばしば受けます。

幽体離脱の本質は夢です。ただし普通に見る夢とはかなり違いますので、ここでその違いについてまとめておきます。

自覚夢は夢の中で「これは夢だ」と気づき、その後、夢の世界で自覚的に行動できるようになる夢です。鮮明な夢、リアルな夢でも、自覚がなければ普通の夢です。

筆者は**幽体離脱でも自覚夢でも普通の夢でも、ある別の空間に行く点では共通だ**と考えます。どれもみな幽界に行きます。普通の夢でも幽体離脱でも知覚する空間は同じです。しかし、**そこに行ったときの自分の精神状態によって、その世界をどのように理解するかが大きく変化してしまう**のです。ここでいう精神状態の違いとは、自覚の有無です。
●普通の夢は幽界に入るとき、自覚を失ってしまう。
●自覚夢は幽界に入った後で、自覚を取り戻す。
●幽体離脱は自覚を持ったまま幽界に入る。
幽界から戻るとき、つまり肉体で目覚めるとき、幽体離脱と自覚夢は自覚を持ったまま目覚め、普通の夢は目覚めてから自覚を取り戻します。

幽界空間にどんな意識状態で行ったかによって、幽体離脱とか自覚夢とか普通の夢といった差違が生じます。普通の夢の場合、自覚が消えていて、見たものをなんでも信じてしまうし、幽界に自分がいることに気づくことができません。

最後に幽体離脱と自覚夢と普通の夢の違いを表にまとめておきます（図1－1）。

図1-1　幽体離脱と自覚夢と普通の夢の違い

	幽体離脱	自覚夢	普通の夢
体脱感	肉体から幽体が抜け出す感覚がはっきりある。	なし。	なし。
自覚の有無	離脱前から帰還のときまで自覚がある。	夢の中でそれが夢だと気づくことで、自覚を取り戻す。	なし。無我夢中の状態。
金縛り体験	離脱前に甲高い耳鳴りとビリビリとした感覚を伴う金縛り状態を経て幽体が分離することが多い。慣れるにつれて金縛りは軽減され最後は無くなる。	なし。	なし。
五感の感覚	肉体と同様はっきりあるが、極端な痛み等は少ない。	視覚や聴覚は豊かだが、皮膚や筋肉の感覚は乏しい。	自覚がないので、どんな体験も希薄な印象としてしか受け取れない事が多い。
意識の連続性	幽界に入り帰還するまで意識が連続している。そのため予定しておいたことを幽界で実行しやすい。手を見ることも簡単。	眠りに落ち気絶してから夢の中で目を覚ます。気絶したときに、しようと決めておいたことを忘れてしまいやすい。	なし。
現実感	非常に強い。	強い。	自覚できない。
意識の明晰度	起きているときと区別がつかないほど明晰だが、すこしねぼけ気味のこともある。	かなり明晰だが、それほどでもないときもある。	なし。
経験の質	自覚夢と比べると、より秩序があり現実的な体験が多く、内容もあとから言語化しやすい。しかし長時間離脱していると、夢に似てくることも。	幽体離脱に比べると秩序はゆるい。幻想的な非現実的な体験が多い。その分、経験内容を後から表現するのが困難で、荒唐無稽な話になりやすい。	荒唐無稽。「ただの夢だよ」で終わるようなものが多い。

✡あなたにも幽体離脱はできる！

では、誰でも幽体離脱できるのでしょうか。

この質問は「誰でも自転車に乗ることができるか？」とか、「誰でも泳ぐことができるか？」というのと似ています。途中で諦めてしまった人はできないままでしょう。

臨死体験や不規則な睡眠によって偶発的に起きることなどから、人は基本的には幽体離脱の能力を持っているといえます。ただし、幽体離脱を一度もしたことがない人が**寝ているうちに偶然に離脱することはまずありません**。意図せず幽体離脱が起きるとしたら、麻酔や、なにか異常な誘因が働いている場合だけです。

筆者の経験から、根気よく練習を続ければ、たいがいの人ができるようになります。幽体離脱ができるようになる前、私は霊能力などというものとは無縁でした。幽霊を見たこともありませんでした。中学のころ数回、睡眠中に金縛りにあった程度です。

幽体離脱の練習は、自転車乗りや水泳と同程度か、それより難しいかもしれません。私の場合、最初の離脱まで約三カ月の練習が必要でした。練習期間には個人差があり、ひと月ぐらいの人もいれば一年以上かかる人もいます。ですが夜眠る前に少し練習するだけのことで、手間もお金もかかりません。**成功の鍵は、練習の習慣をつけること**です。

自転車乗りも水泳も一度修得してしまえば、その後、その能力は消えてしまうことがないように、幽体離脱の能力も一度身につけてしまえば失うことはありません。私も何年かブランクが空いた時期がありましたが、能力が消えたりはしませんでした。

ただしスランプのような、何度やっても失敗するような時期はあります。いつでも離脱したいときに離脱できれば理想的ですが、なかなかそうもいかないものです。ですが上達はあって、練習すればするほど体脱しやすくなります。

✡ 音も光もすべては意識の中にある！

音は空気の振動で、それが鼓膜を振動させ、その信号が脳に伝わり、意識の中で音として聞こえます。音はあなたの意識の中で響いていて、それを音と呼んでいるのです。目から入った光子の振動が脳に伝わり、意識の視野の中にそれが映り、それを光だと感じているのです。

外界から音や光の元となるエネルギーの振動が意識の中に入ってくるわけですが、その振動そのものを音だと認識しているのではなく、それが意識の中に反映して、「うるさいそれ」

や、「まぶしいそれ」になったものを音や光と呼んでいるのです。

物体に触れてそれを動かす抵抗と感触も、意識の中でそのように感じていて、「これが物質だ」といっているものにすぎません。さらに言ってしまうと空間すら、受け取った知覚によって、あるものと認識しているにすぎません。私たちは感覚を通じて理解した外界を知っているだけです。その意味においては、「音も光も物質も空間も他者までもすべてはあなたの意識の中にある」のです。

ではその外はというと、実は人間はその実体を知ることはできません。私たちはつねに意識の中に反映された外界の情報しか知ることはできないのです。たとえば猫や多くのほ乳類は色盲で、あまり正確に色を見分けることができません。人が赤いものを見ても、猫には赤くは見えていないのです。対象を認識するとき、必ずフィルターがかかっています。

幽体離脱を経験すると、肉体の感覚器官を使わずとも、音・光・物質・空間などあらゆることを知覚していること、また自分自身である体（幽体）も持っていることに気づきます。肉体から離脱した自覚を持ったことがなかったため、それに気づかなかっただけなのです。

つまり肉体イコール肉体感覚ではありません。肉体感覚は幽体側にある機能です。幽体離脱は肉体感覚が、肉体から分離するのです。

幽体で見る世界は、肉体で見る物質世界とは別の空間なのですが、多くは写し絵のようによく似た世界を知覚します。幽界にも太陽がまぶしく輝いているし、幽界の自分の部屋の窓ガラスを割ることができたりします。しかし肉体に戻ってみると、割ったはずの窓ガラスは割れていません。離脱して見ていた世界は、物質世界ではありません。それは古来より、アストラル界（幽界）と呼ばれます。

✡アストラル界はどんな世界か？

アストラル界が、物質界とは異なる異界として存在しているのかどうかといえば、それはあると言うしかないものです。**物質世界が存在するように、アストラル界も存在します。なぜそんな世界が存在しているのかは、わかりません。物質界だってその点はわからないわけ**ですから（笑）。アストラル界では自分自身の心の中が映し出されているようにも思えるし、そうとは思えないものも映し出されます。古来よりアストラル界は「鏡の世界」と呼ばれています。「その人の心が映し出される鏡の世界だ」と。

アストラル界は夢で見る世界と同じものですが、幽体離脱はそれをはっきり目覚めた状態で見るのに対し、夢は不完全な目覚めの状態で見ています。

肉体的な価値観からその世界を見たとき、夢の世界は不条理に満ち、また底知れぬ謎だらけの世界です。幽体離脱で行ったとしてもその点は変わりありません。しかし、自覚があれば、その不条理さの中で、様々なことを試すことができます。

夢の世界と現実の生活は、奇妙なシンクロニシティをみせることがあります。二つの世界は地続きといえるかどうかは微妙ですが、どこかでつながっているようです。

幽体離脱の視点から、アストラル界の特徴を紹介します。

●物質界より時空間の制約が少ない

空を飛べたり、瞬間移動ができたり、壁をすり抜けたりできます。体脱していられる時間は多くの場合短いものですが、短い時間で多くのことを経験することができます。

●時間の流れ方が異常

非常に長時間離脱していたとしても、戻ってみるとせいぜい五分程度だったり、一瞬のことでも三十分くらい経過していたりします。

ころころと場面や時刻が変わってしまう状況では、時系列的に時間を追いかけることもできません。最初は自分の部屋にいても、次の瞬間には知らない場所にいて、また別の場所に移ってしまったりします。

●他者がいる

これは大きな謎で、自分が知る人のみならず、まったく知らない人まで登場し会話が成立します。彼らとの会話はどこかテレパシックに行われます。時には宇宙人のような得体の知れない存在と出会うこともあり、秘密の知識を教わったり、契約をもちかけられたりするようなこともあります。

●意思や念じる力が効力を持つ

「空を飛びたい」「誰かに会いに行きたい」「こんなものを出現させたい」と思うと、それが外界に現れます。しかしかならずしも思ったとおりにいくわけではありません。

●主体と客体が明確に分離されていない

心に思ったことが外界に反映される世界では、どこまでが自分の体なのでしょうか。普通、体は世界に働きかけるための道具です。物質世界でどこかに行こうとするとき、足で歩いて移動します。しかしアストラル界では、「あそこに行きたい」と思うと、瞬時にその場所に移動することができます。ある意味、体がいらない世界なのです。また自分の体が消えてしまって視界だけが残ることもあります。そのときはもはや、自他の境界が消えます。

●自分の記憶が再現されているような、そうではないような世界

アストラル界は自分自身が記憶している世界が映し出されているのではないか、ともいわれます。体脱して自分の部屋や住んでいる町並みを見ることはよくある話です。しかしアストラル界の町を見て「物質界の町並みとは、ちょっと違っているな」と気づくことがあるのです。自分自身の記憶が再現されるだけなら、このような差異に気づくのは変な話です。

しかしアストラル界が、自分とはまったく無縁な見知らぬ世界なのかといえば、見なれた町の光景を見るわけですから、なにかしら自分とつながりをもったものを見ているとも言えます。自分の記憶と、そうとは言えない二つの事象が混ざり合っているように思えます。

●アストラル界は映像的

心に思ったり考えたりするだけで、別の場所に移動したり、変身してしまったりするのがアストラル界です。出現した外界に触れて、あたかも肉体でそれをするように移動させたり、その物体の質感を知覚したりと、バーチャルリアリティ再現装置の中にいるような気がしてきます。再生されている記録媒体がさっと交換されてしまうと、それまでとはまったく違う外界が再現され始めるようなものです。それは映し出されている幻のように感じられます。

●引力がある

空を飛ぶとき、飛ぼうと意図し続けないと、高度が下がってしまいます。また石を投げると、放物線を描いて落下します。引力はアストラル界にも働いているようです。引力は森羅万象を貫いている自然法則ですが、それがアストラル界にも及んでいるのがなんとも言えず不思議です。

●アストラル界は意外と狭い？

「アストラル界にも天井がある」と言った知人がいます。どんどん上昇していったら、なにかに頭をぶつけて、落下したというのです。どこかバーチャルリアリティのようなものを感じさせるアストラル界ですが、案外そのとおりで、小さな部屋の中に映し出されている立体幻像を見せられている可能性も……。

●水の中にいるような圧を感じる

幽界の空間はどこか水中を思わせるものがあります。空を飛ぶときも、水中をダイビングしているような浮遊感があります。ですが海の中のように視界全体に青みがかるとか、視界が悪く十メートル以上先が見えないときがあるというわけではありません。通常の大気中と同様、クリアな視界なのです。

しかし移動する際に、水中で動くときにそうであるように、わずかに抵抗があるのです。水中ほど強いものではないのですが、粘り気のある空気の中を動いているような感じです。この粘りの強さは日によって違い、まったく感じないときもあれば、非常に重たくて水中にいるのと大差ないと思えるときもあります。

●天候

筆者の経験では、ほとんど快晴で真っ青な空が広がっていることが多いです。最初はいつも晴れなのだと思っていたのですが、雲が浮いているときもありました。物質界が雨の日に離脱したら、アストラル界では曇っていたこともありました。

●動物

ユニコーンやベヒモスといった幻獣の類がウヨウヨしていると思われるかもしれませんが、そのような生き物に遭遇することはまれです。また、猫はアストラル体を持っているといわれますが、犬や鳥類とも遭遇したことがあるので、猫だけが特別というわけではないようです。ただ猫との遭遇率は、動物の中で一番高いです。

●植物

花は妙に色が鮮やかで、毒々しいほどの色彩を放っていることが多いです。花弁の周囲には薄いスミレ色のオーラが発散しているのがはっきり見てとれるほどで、妙に生命力にあふれています。花も、どこまでも本物の花と区別がつきません。花粉一粒一粒を観察できます。

✡アストラル体の感覚

アストラル体（幽体）になったときも視覚・聴覚・嗅覚・味覚・皮膚感覚・その他、だいたいすべてが備わっているように思えます。それは肉体で感じる感覚とほぼ同じですが、アストラル体と肉体はつながっており、その接合強度によって、五感を強く感じたり弱く感じたりするようです。また離脱中に、肉体側の感覚に重心を移したり、幽体側に移したり、ある程度接合強度をコントロールすることもできるようです。

●触覚

触覚のリアリティはなかなか強いものがあり、手に持った品物の質感はリアルそのものです。陶器やガラス製品に触れたときは、その冷たいすべすべした感覚がはっきりとあるし、猫などの生き物に触れたときは、やわらかくて暖かい毛皮の感触を抱きます。

それから足の小指を角にぶつけるなどすると痛みを感じます。痛みはかなり弱めで、肉体で感じるほどではありません。しかし中には「体脱して冷蔵庫の角に足の小指を思いっきりぶつけて死ぬほど痛かった」なんていう人もいたので、個人差はあるのでしょう。

●聴覚

聴覚はかすかな音から耳をつんざくような大きな音まで様々です。左右の耳を交互に塞いでみると、ステレオで音を知覚していることがわかります。

●味覚

味覚を初めて試したときはちょっと驚きでした。味があるとは思っていなかったのですが、しっかりあります。ただ食べたものがよくありませんでした。そのとき身近に食べられそうなものがなかったため、道ばたに生えていた雑草をちぎって口の中に入れたのですが、渋くてまずくて口の中にいやな臭いが広がって、すぐに吐き出しました。

味覚には強弱があり、時には希薄になるし、時には濃厚に肉体の味覚以上になります。希薄になるというのは、味そのものは正しく感じるのですが、今ひとつ味が薄いのです。

●嗅覚

普通の夢で匂いを感じた報告は非常に少ないそうですが、幽体には嗅覚もあります。これはものを食べたときに、一緒に感じたことのほうが多いです。また猫や犬といった動物と遭遇したときに、かすかな獣臭を感じたことがあります。

●声

アストラル体も声を出すことができます。たとえアストラル体の側で大声を出しても、アストラル体と肉体がはっきりと分離している場合、肉体が声を出すことはありません。アストラル体が出す声は、アストラル界では特殊な働きをします。アストラル界の空間を振動させ、様々な変化を引き起こします。

●視覚

離脱が安定した状態なら視覚は非常に鮮明ですが、時にはぼんやりとスリガラスを通して見たような世界になるときもあります。レンズの歪曲収差のように視界が歪んで見えることもありました。ですがだいたいは、鮮明で通常の視覚と変わらない状態で見えます。さらに**幽体でも目を閉じることができるし、時々まばたきもしています。片目だけを閉じることも**

できます。

極端な近視で裸眼では遠くのものがぼんやりとしか見えないという人から、「幽体離脱して見た世界は非常に鮮明だった」という報告が、筆者のホームページの掲示板に投稿されたことがあります。肉体の限界と、アストラル体の限界はまた別なのでしょう。

これと同様に、耳や喉に障害をもっている人も、アストラル体の側ではその機能がちゃんと生きているということはありえるように思います。おそらく手足の障害についても同じことがいえるのではないでしょうか。事故で手や足を失った人が、ないはずの手足の感覚を知覚する幻肢体の経験は、アストラル体の感覚だと考えられます。幽体離脱してみれば、まだちゃんと手足が存在しているのではないでしょうか。

●呼吸

アストラル体でも呼吸していることを自覚できます。ただしそれは肉体の呼吸と同期しているように思えます。

第2章
まずは幽体離脱の理論を理解しよう！

✡なぜ、幽体離脱は起こるのか

幽体離脱の訓練法は理論を知らずに、ただカタチだけ模倣することもできます。それでもそれなりの成果は得られるでしょう。しかし理論を知った上で行うと効率が格段に違います。訓練法の意味が理解されていると、訓練の細部にまで目が行き届くからです。

バトラーの魔術ではその現象をエーテル体とかアストラル体といった術語を使って説明しますが、この語は多数の神秘思想家や宗教家によって乱用されてきました。各語の意味づけや関連づけも、使用者の間でかなり食い違いが見られます。

エーテル体やアストラル体は簡単にいえば精神の体です。それは人間の心身を自己観察することで、認識の力によって見いだされた体です。精神の体なので、肉体をいくら解剖しても見つけることはできません。人間の精神、心、意識、自我などと呼ばれるものは、測定器で検出できないし、カメラで撮影もできません。しかしそれを自分が持っていることを否定する人は極少数でしょう。

精神の自己観察は、目に見えないだけにいろいろと問題があります。同じものを観察しても、めいめい自分なりの表現で語るし、また人間の精神は底知れぬ広がりと深みがあるので側面的にしか認識できず「群盲象を評す」有様となります。しかも皆が同じ象を見ている保証も厳密にはありません。「同じ人間だもの」といっても、人間は多様なものです。

しかし細部はともかくとしても、おおまかなところでは、多くの人々の共感を得ることはあります。たとえば広辞苑で「知情意」を引くと、「知性と感情と意志。人間が持つ三つの心的要素」とあります。これは科学的に求められた結論ではありませんが、多分、多くの人は納得するはずです。とはいえ、これも、一側面です。心はそう簡単に全貌をつかみきれるものではありません。

精神の体もまた同様に、自己観察から認識されたものだと言えるでしょう。このような身体論はいろいろとあるのですが、本書ではドイツの神秘思想家、ルドルフ・シュタイナーの『神秘学概論』、およびP．D．ウスペンスキーの『奇跡を求めて』をベースにしています。『奇跡を求めて』はロシアの神秘思想家G．I．グルジェフの思想を紹介した本です。

シュタイナーとグルジェフの身体論は、表現の違いはあれ、両者ともほとんど同じことを述べていると筆者は思います。これらの理論は、心身を含めての人間存在をモデリングしたものです。それを応用し、幽体離脱という現象と、それを引き起こす技法のメカニズムを説明しようと思いますが、筆者なりの解釈も入っています。深く追求したい方は、それぞれの著書を当たって下さい。

この手の理論はどこかしら不完全にならざるをえないもので、ブッダの「イカダのたとえ」のようなものかもしれません。「川を渡るときはイカダを作って渡る。けれど渡ってしまえば捨ててしまってよい」というたとえ話です。イカダは「教え（法）」のことで、ここでは理論のことです。しかし渡ってしまうまではあったほうが便利です。

✡肉体は、生命の働きが宿っている「物質体」

人間が持つ四つの体とそれが属する界を示します（図２－１）。精神の体は自己観察によって観念として見いだされたものなので、これらの体はみな同じ場所に重なり合い、浸透し合っていると考えて下さい（図２－２）。ですが、その観念であったはずの体が、幽体離脱ではあたかも「物質的なもののように移動し分離する」のです。アストラル界の物体までも移動させることができます。

ところで、物質とは考え方にすぎません。私たちが「これが物質である」と決めたものを物質とみなしているだけの話で、このわけのわからない宇宙を前に、なんとか秩序づけて理解しようとした方便にすぎません。幽体離脱という謎の現象を前に、私たちは精神を構成する〈物質〉を想定するのです。さて、前置きが長くなりました。本題に入ります。

図2-1　人間が持つ四つの体

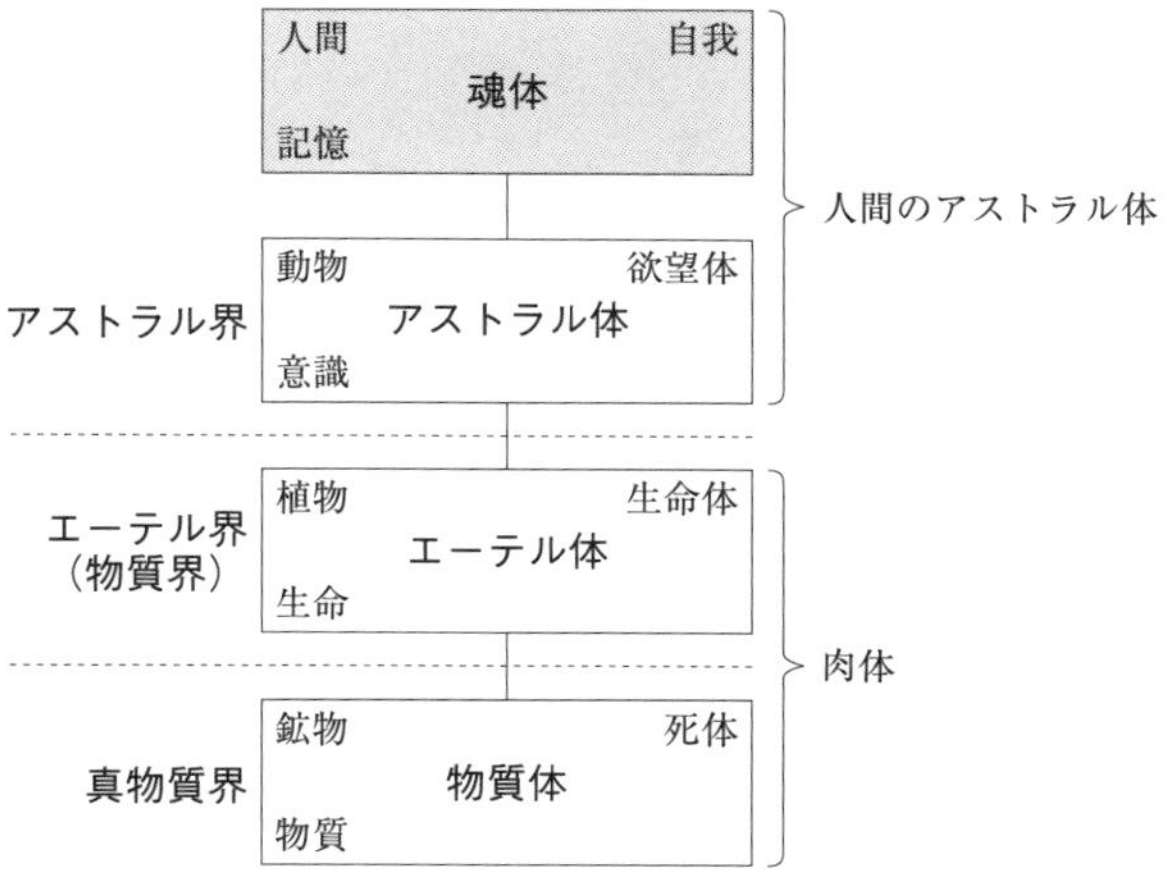

図2-2　四つの体は重なり合い、浸透し合っている

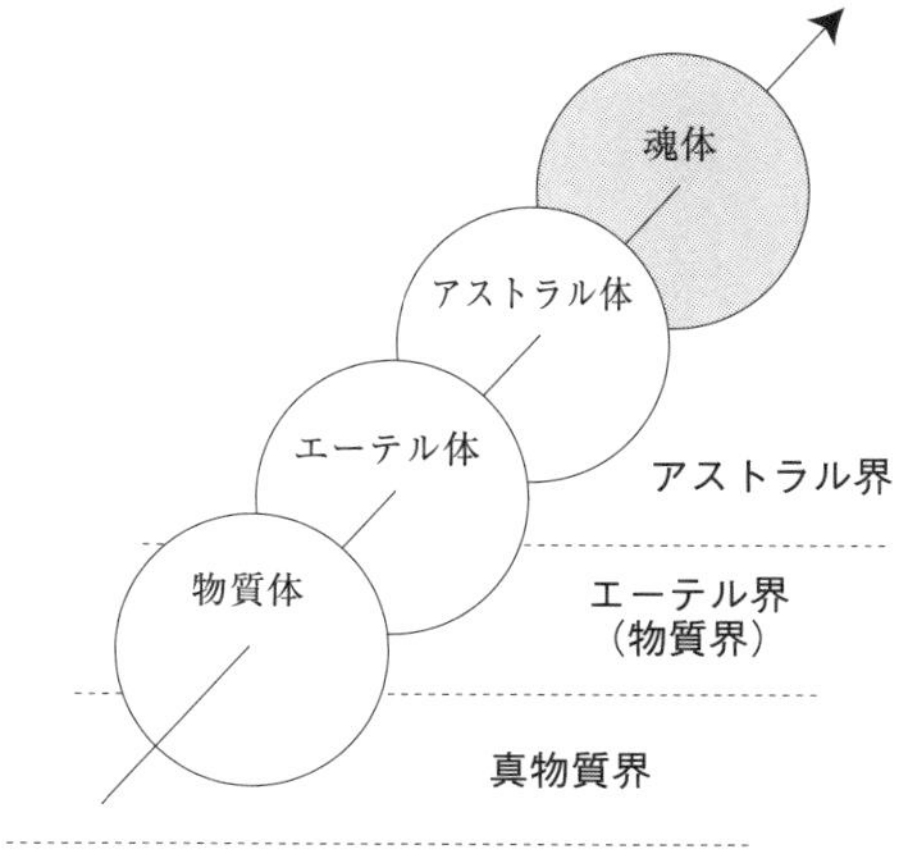

物質体は肉体のことです。あえて物質体と呼ぶのには訳があります。肉体から命が抜けてしまったとしたら、それは炭素や石灰や水など化学物質の集合体です。それは死体で、自然界の法則に従い崩壊していきます。なぜ人間の物質体が崩壊せず、代謝しながら成長していくのかといえば、そこに生命の働きが宿っているからです。その働きの担い手と、命のない物質の体を区別するために、肉体のことを物質体と呼びます。生命の働きが宿っている物質体が肉体です。

物質体は象徴的には鉱物です。最後には土に帰る体です。

物質体は物質界にあるのですが、それは「真物質界」と呼ぶべきものです。その理由は後述します。

✡「エーテル体」は、物質体を生命体として生かし続ける生命の体

これから述べるエーテルは、十九世紀以前の物理学で考えられていたエーテルとは無関係です。遠方の恒星の光が真空中を伝わり地球に届くことから、かつて、宇宙空間には光を伝達する未知の物質が充満していると考えられており、それをエーテルと呼んでいたのですが、特殊相対性理論の登場などによってこの観念は使われなくなりました。

精神の領域でエーテルを想定するのは、私たちの非物質の精神が物質に干渉するために、なんらかの媒介物質があるに違いないという推測と、それを裏づけるような身体経験に基づいています。物理学にせよ神秘学にせよ、エーテルはあるのかないのか不明瞭な物質に与えられる名前のようで、外から観察したエーテルは、とにかく存在のあいまいな物質なのです。

エーテル体は物質体を肉体たらしめ、生命体として生かし続ける生命の体です。

肉体とは、エーテル体と物質体の総体です（図２－１）。

すべての生き物はみなエーテル体を持っていますが、人間の場合、物質体とエーテル体しかなければ、それは植物人間です。それでも髪や爪は伸び、成長し老いていきます。しかしそこに目覚めた意識はなく、強いて言えば熟睡の意識です。

象徴的にはエーテル体は植物です。

●人はエーテル体からしか物質界を知覚できない

１章の「音も光もすべては意識の中にある」で述べたように、人は心の中に映し出されたイメージを見ています。このイメージを〈幻像〉と呼ぶことにします。〈幻像〉は見えるだけではなく、その像に触れたり、動かしたり働きかけることができ、視覚以外の感覚も含まれています。簡単に言えば「人はバーチャルリアリティ装置の中から、外界を知覚している」のです。この装置がエーテル体です。

夢を見ているときや体脱したときはエーテル体の中から「アストラル界の〈幻像〉」を見ています。アストラル界の姿は、1章の「アストラル界はどんな世界か」で説明しました。

目覚めているとき人はエーテル体から真物質界の正しい〈幻像〉を見ています（図2−3）。このとき自我が〈幻像〉の肉体に働きかけると、物質体が動き真物質界で活動できます。真物質界は物質体による働きかけを受け、その秩序に従って変化します。人はエーテル体を通じて、物質体にアクセスします。人はエーテル体の装置を介してしか、外界を知覚したことはないのです。

自分の肉体の姿も、外界の姿も、この装置

図2-3　人はエーテル体から真物質界の正しい〈幻像〉を見ている

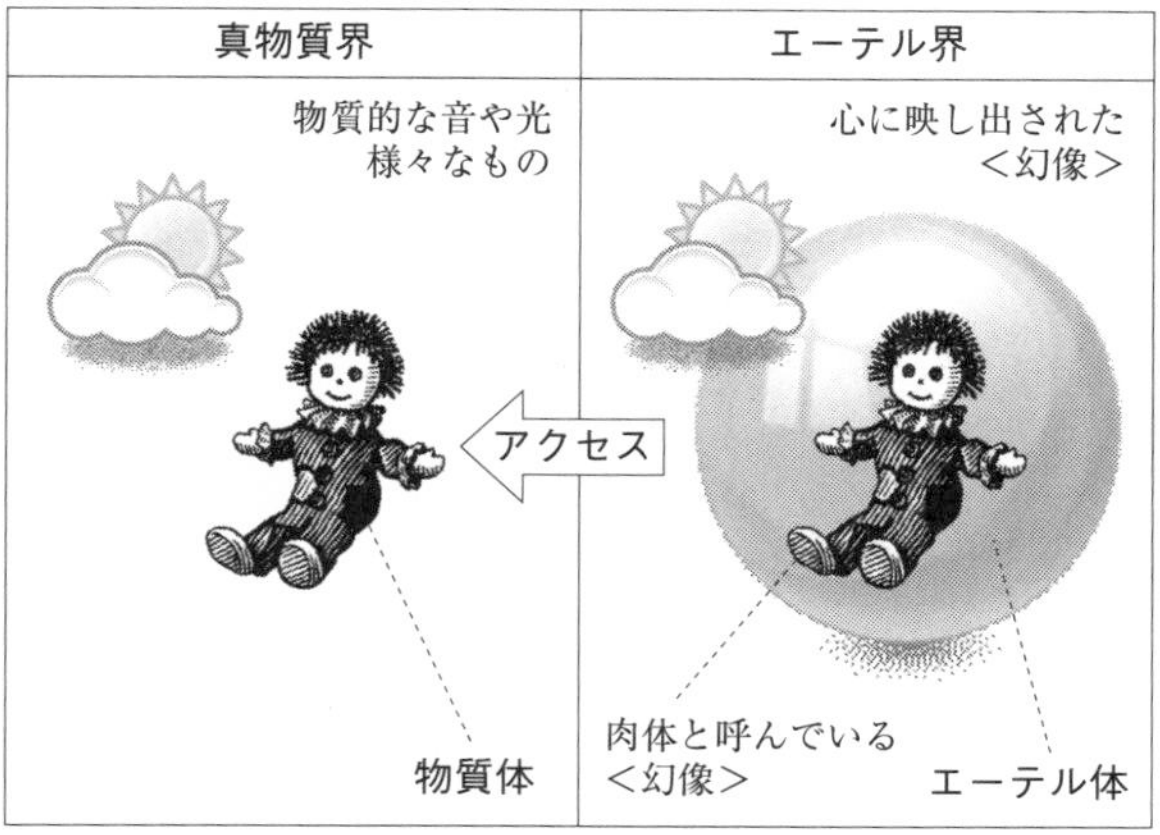

で再現された〈幻像〉によって知ったものにすぎません。〈幻像〉の向こうにある、真の物質界も物質体の姿も、直接知覚したことはないし、そうすることも不可能です。これが物質体の存する物質界を「真物質界」と呼ぶ理由です。

人間が本当に知っているといえる肉体は、自分のエーテル体とその感覚を通じて理解した物質体です。同様に真物質界も、エーテル体越しに知ったものです。物質体はエーテル体に付き従って動いている泥人形とみなせます。

エーテル体をバーチャルリアリティ装置のたとえで説明しましたが、たとえはどこか不完全なところがあるものです。補完すると、人はエーテル〈物質〉しか知覚できないのです。エーテル〈物質〉で構成されたエーテル体があり、エーテル体はエーテル界に存在します。

エーテル体を通じて、人はエーテル界にアクセスします。エーテル界を構成するエーテル〈物質〉は一切の物質に浸透しています。エーテル体の動きに物質体は付き従います。

エーテル界へのアクセスは、直接的に真物質界へ反映されるとは限りません。たとえば気功師が、他者に気を送るとき、その力は機械で測定できるものではないでしょう。気を送られた人の体温が変化するような形で、間接的に影響が測定されるかもしれませんが。

人が肉体から見て物質界と呼ぶ世界は、実はエーテル界のことです。エーテル体で知覚される〈幻像〉は、肉体から見た世界そのものですが、これから述べる、液体的な身体感覚や気やオーラなど、あまり気づかれずにいる〈幻像〉が含まれます。

●エーテル体は液体のような体

肉体の〈幻像〉はエーテル体の中に再現されたものなのだと理解すれば、次はエーテル体がどのような姿なのか、自分の身体感覚を研ぎ澄まして観察しなければなりません。

第3章で述べる周天法などの呼吸法を行うと、自分の体がふわふわと揺れ動いたり、波打ったりするような感覚や、体を流れる暖かい気のエネルギーを感じることになるでしょう。揺れているのは物質体ではなくエーテル体です。強力なエネルギーが流れ込んできたとき、それは膨らみ、エーテル体には網状の繊維構造があることにも気づくでしょう。

しかしこのような訓練をしなくても、人は無意識的にエーテル体の広がりを知っています。電車の中での席取りを思い出してみて下さい。人はなるべく間隔を取って座席に座ろうとします。狭い閉鎖的な場所に長時間いると、息のつまるような圧迫感を感じます。自分の体の広がりを無意識的に感じているからではないでしょうか。

このように自分の身体感覚を基準に、体の境界を探っていくと、皮膚の境界面までが「体」というわけではないということがわかると思います。

ただ、このようなほわほわした体の広がりは、皮膚の境界面のように明確な仕切りを設定できるわけではありません。体というとはっきりとしたカタチのあるものを想像しがちですが、肉体を取り囲む光の繭、生命エネルギーのフィールドだと思ったほうがよいでしょう。身体感覚は皮膚の境界面に近いほど濃密で、離れれば離れるほど稀薄になります。これはエーテル体の広がりです。その広がりの範囲は人それぞれで、大きな人もいれば小さな人もいるし、その時々の心理状態によっても変化します。

エーテル体は雲や蒸気、あるいは液体のように、流動的な性質を持っていて、また自我からの働きかけによって、姿形を変えたり、一カ所に集中して密度を高めたりできます。気功師が「気を集める」などと表現しますが、「気を集めよう」と意念を集中すれば、それが可能なのです。

●エーテル体は「気」の体

エーテル体は「気の体」とも呼ばれます。内的な感覚から見れば先述したようなものですが、「気」はしばしば外的にも認められる性質があります。

雰囲気や気配、空気感のようなものとして知覚されたり、オーラのような光や形として知覚されたりもします（図2－4）。人の集まる場で「空気読めよ！」というような言葉を、人は普通に使います。「殺気を感じた」とか「眠気が伝染する」とか、「森の気を吸おう」とか、そういう感覚を人は普通に経験していて、物理学的には検出できないから「気のせいだ」といわれたりもしますが、エーテルとは「気の精」ともいえる稀薄な〈物質〉と言えるでしょう。

気やオーラは、基本的にカメラのフィルムに映るような光ではないし、雰囲気や気配を測定器で検出することもできません。「空気を読め」といっても、さてそれは場に流れる共通の空気といえるかどうか。

エーテルはある人はあると言い、別の人はないと言うような、物質ともそうではないともいえる半物質的な存在とも言えます。しかし人はそれを知覚します。

図2-4　外から観察されたエーテル体

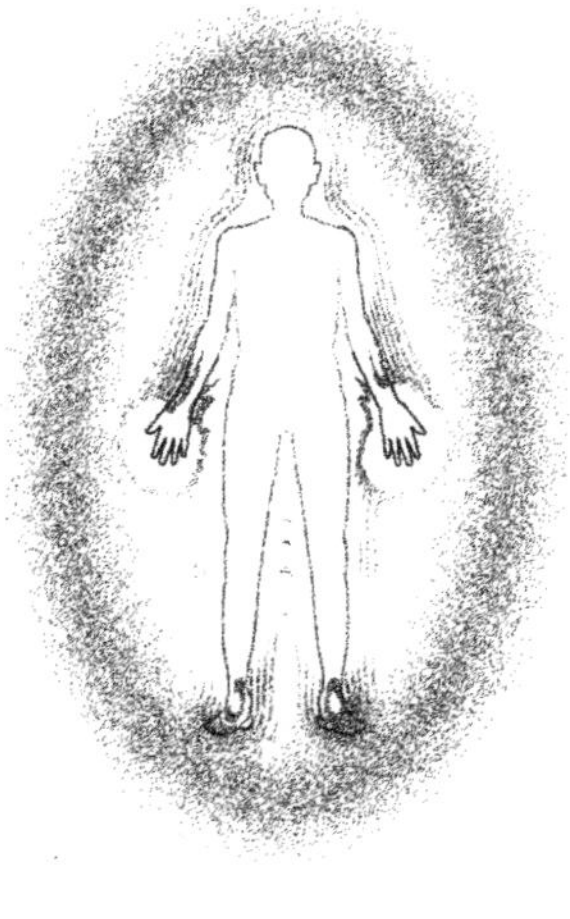

外から見たエーテル体とエーテル界の稀薄な部分の姿については、あまりにとりとめがつかないものなので、本書では深くはふれないことにします。幽体離脱に必要なのは、内的に感じられるエーテル体の感覚です。「気の体」は「気づく」ことで、はじめて所有できたといえる体で、まずそれに気づくこと、気づけるまでエーテル体を鍛えることが幽体離脱成功の鍵です。エーテル体は鍛えることができる体です。

✡「アストラル体」は映写機のようなもの

アストラル体は、エーテル体というスクリーンに光を投影する映写機にたとえられます。〈幻像〉は意識の内に再現された〈光〉であり、真物質界にある光とは別ものです。これはテレビカメラとモニターテレビの関係です。カメラを太陽に向けたら、それがモニターに映ります。このとき見ているのは太陽の光そのものではなく、モニターテレビの蛍光です。

映写機《アストラル体》はスクリーン《エーテル体》に様々な〈幻像〉を映し出すけれど、その〈幻像〉の中に映写機《アストラル体》の本体が現れることはありません。映写機が映像の中に映写機の姿を映し出すことはあっても、映し出されるのは投影中の映写機それ自体ではないのと同じです（図2－5）。

アストラル界で見る自分の体の姿は、エーテルのスクリーンに映し出されている〈幻像〉

です。広義にいわれる幽体と言えるでしょう。しかしそれはあくまでも〈幻像〉で、ここでいうアストラル体とは区別して下さい。前のたとえで言うなら幽体は「映像の中に映っている映写機」であって、「映し出している映写機」ではないのです。

〈幻像〉はアストラル体の振動がエーテルスクリーンに映し出されたものなので、これはアストラルエーテルとも呼べます。幽体も幽界も、アストラルエーテルを見てそのように呼んでいるのです。

だから正確には、幽体はアストラルエーテル体、幽界はアストラルエーテル界と言えます。しかし映し出された表象を見ていることを理解しているなら、それらをアストラル体、アストラル界と呼んでもなにも問題はありま

図2-5　アストラル体とエーテル体の関係

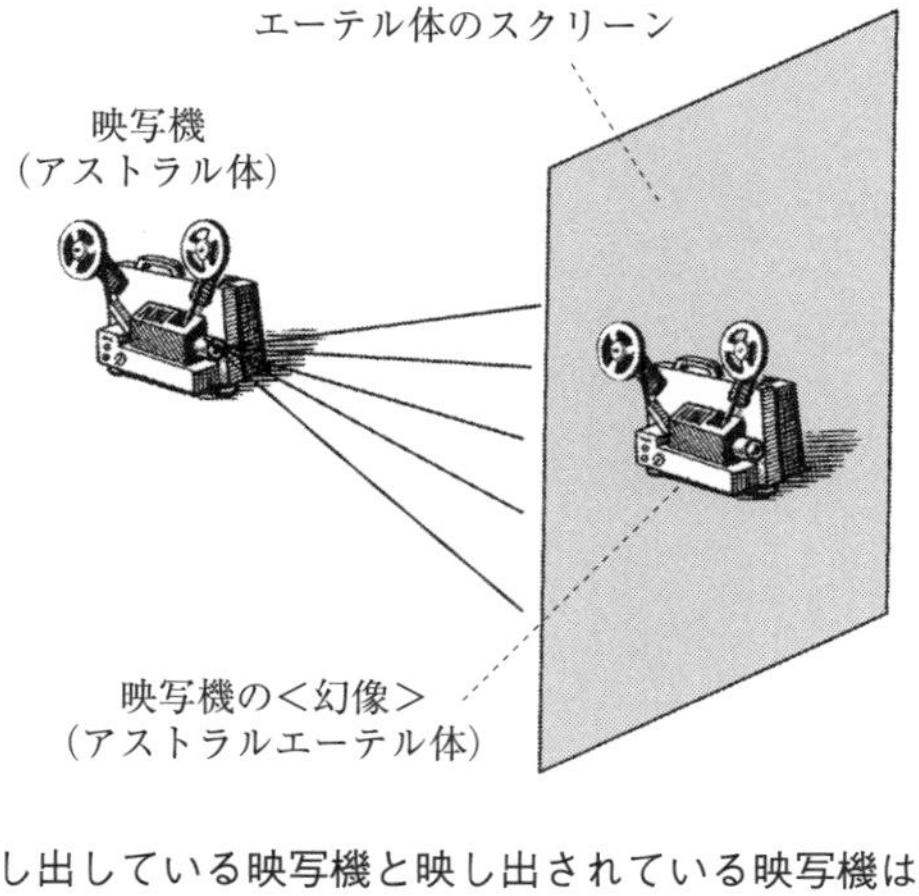

映し出している映写機と映し出されている映写機は別もの

せん。

人は心の中にイメージを想起できます。心に強く思い描いたイメージは、アストラル体を通じて、エーテル体のスクリーンに投射できます。エーテルスクリーンは、投射されたイメージのとおりに形を形成します。幽体離脱中に、心に思った物品が出現したり、瞬時に場所を移動したりするのも、これと同じような原理が働いています。

身近なところでは、こんな実験ができます。

三角に切り抜いた赤い色紙を用意し、しばらく見続け目に焼き付けます。そして白い壁面などに目を移すと、そこには補色の緑の三角が投影されています。「ただの生理現象じゃないか！」と思われるかもしれませんが、肝心なのはその先です。この緑の三角を、できるだけ長く維持し続けようと意図すればそれが可能で、自我はエーテルスクリーンに対して支配力を有していると言えます。エーテルスクリーンは、心に視覚化した形を映し出す性質を持っているのです。

ただし程度の問題もあります。あきらかに外にありありと投射できる場合もあれば、おぼろげにしか投射できない場合もあります。しかし多かれ少なかれ、エーテルスクリーンはそれに反応します。

●睡眠時のアストラル体とエーテル体の関係

目覚めているときアストラル体はエーテル体と連結しています（図2－6）。熟睡するとアストラル体はエーテル体から離れます。そしてアストラル体とエーテル体が再度結合したとき、目覚めた意識が生起します。

映写機はスクリーンとペアになることで機能します。暗黒の無の空間に映写機を向けてもなにも映らないのです。

アストラル体とエーテル体の結合の強さはアナログ量で、中間的な段階が存在します。

アストラル体とエーテル体は、睡眠中その結合量が変化します。レム睡眠のときは、中くらいの結合状態となり夢を見て、ノンレム

図2-6　目覚めているときアストラル体とエーテル体は連結している

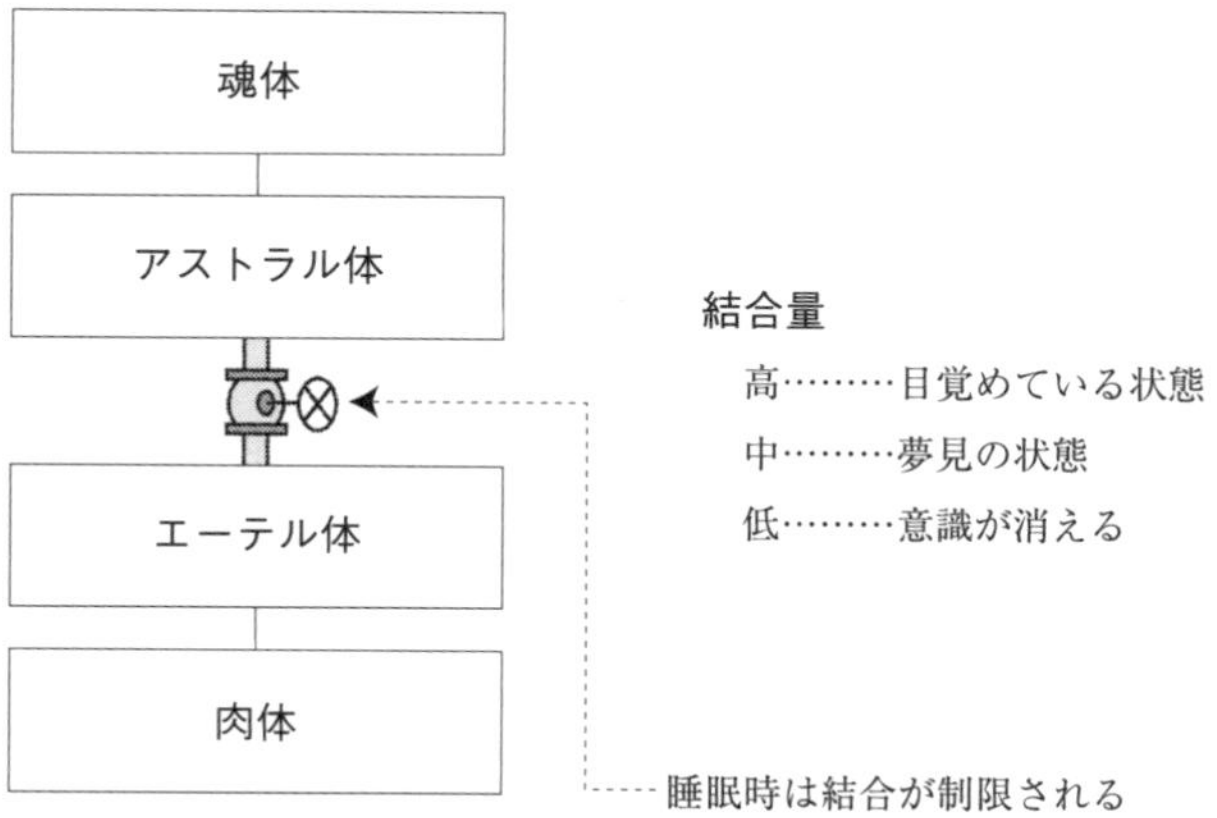

睡眠のときは結合が弱くなって熟睡します。

「人は睡眠時に誰でも幽体離脱しているがその記憶がないだけ」といわれるのは、エーテル体とアストラル体が分離することをいっているのだと思います。しかし通常、分離のとき自我は気絶します。気絶していたなら幽体離脱を経験したとは言えません。どうすれば目覚めた状態で幽体離脱が可能になるかは後述します。

●アストラル体は動物的な意識

赤ん坊が目覚めたときの状態を想像して下さい。言語を知らず文化的な知識ももたず、目覚めて外界を知覚しているような状態です。

動物の意識には、時間の観念はなく、ただ「今」のみがあるように見えますが、過去も未来もない以上「今」という観念も持ってはいないでしょう。ただその時その時の、飢えや渇き、快／不快の印象や性衝動に忠実に生きているのが動物です。人間のように時間軸を移動させてアクセスできる記憶を持たず、その場、その場での反射行動が動物の行動パターンのように見えます。動物の中にはこの例に該当しないように見えるものもいますが、それはごく一部だと思われます。

物質体、エーテル体、アストラル体だけでは、象徴的には動物的な意識状態です。アストラル体は飢えや渇き、快／不快の源泉の体でもあるので、欲望体とも言えます。
以上三つの「体」に、自我が加わり人間になります。

●アストラル界は目覚めた状態でも見えることがある

夢や幽体離脱ではアストラル体はアストラル界を知覚します。しかし目覚めているときでもアストラル界がなくなってしまったわけではありません。肉体からの印象があまりにも強く、アストラル界の印象がかき消されているだけなのです。

アストラル界（astral plane）は「星の世界」という意味です。星は、昼間は太陽の光にかき消され見えなくなっていますが、なくなったわけではありません。肉体の眠りという、夜が訪れると、それは見えてくるのです。ある種の条件下では、アストラル界のイメージと物質界のイメージが合成されて、通常では見えないものが見え、それに触れたような感覚すら生じます（図2－7）。アストラル界と物質界、両方の知覚のチャンネルが開いてしまう場合です。

瞑想しているときに見る幻視や、入眠時幻覚もアストラル界を知覚しています。肉体の感覚は弱くなっているけれど、まだ眠ってはいない状態です。このとき目は閉じているでしょうから、肉体とつながっていても、アストラル界からの印象入力が優位になり、アストラル界の〈幻像〉が見えるのです。

図2-7　目覚めているとき、結合が強くなると…

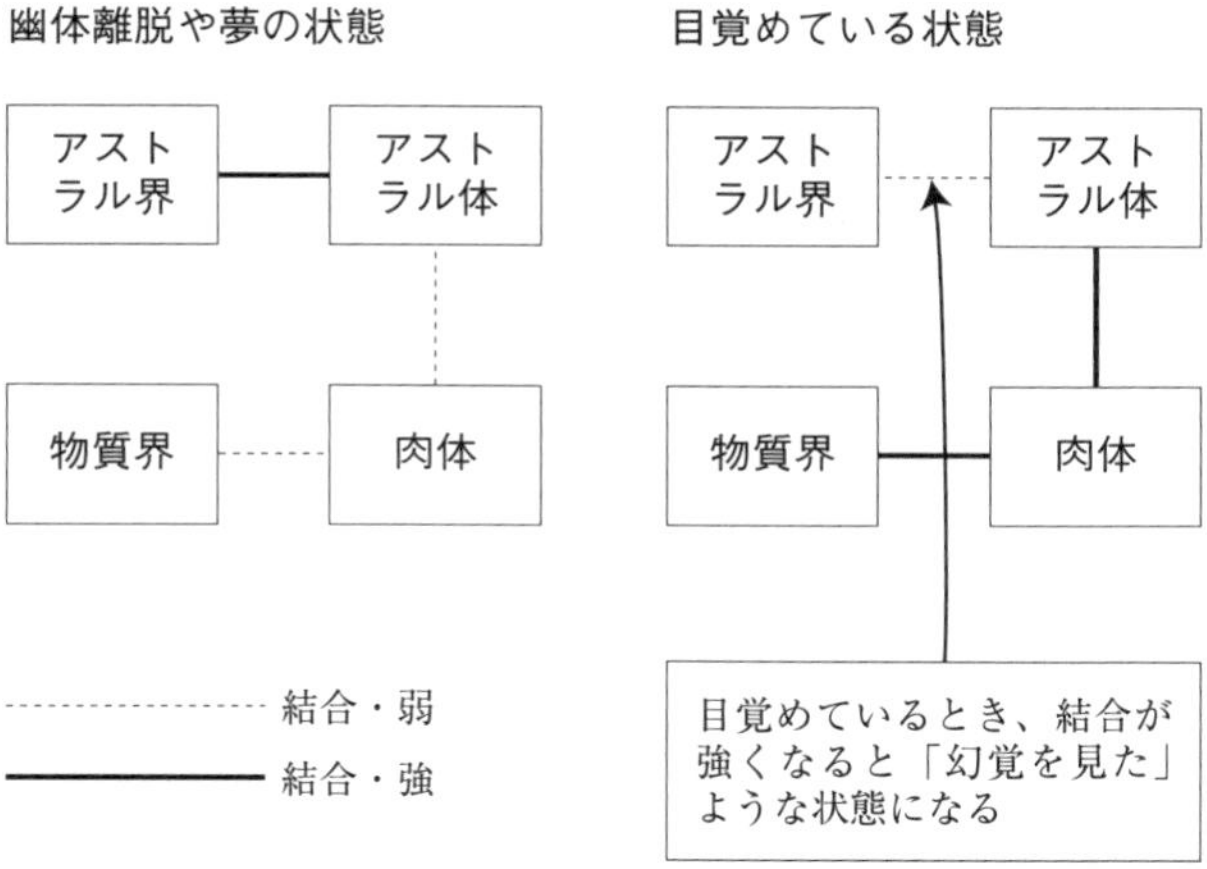

すべての感覚が肉体から離脱すれば幽体離脱ですが、一部だけが外れた場合は、次のような体験となるでしょう。幻聴が聞こえる。幽体の腕の感覚だけが肉体から外れて、幽体の腕だけがふわりと浮き上がったり床を突き抜けたりする。体脱はしたけれど、視覚が最後まで外れず真っ暗だったなどです。

完全に目覚めて活動しているときにも、アストラル界が見えることが稀に起こります。ある種の訓練、精神の病、何日にもわたる徹夜、ドラッグ、土地や場所の影響などで、そのような状態が起きることがあります。しかし見えるものに対して、しっかり区別がつけられる理性と知識を持っていればあまり驚くことはないでしょう。

「魂体」（自我）は知情意と感覚

幽体離脱は幽体が抜けるというよりは「自我」が離脱しているのです。つまりこれが自分の肉体だ、これが幽体だなどと認識している自分の精神とか心とか魂と呼ばれるものです。

体脱して幽体があることを確認はできますが、それを確認している自分がいます。そして幽体は時には半透明になり、消えてしまうことすらありますが、それでもそのような状況を見ている自分がいます。体が消えてしまうような状況で、自分の体を指さして「これが私自身だ」と言うことはできません。しかし外界を認識している自分はあいかわらず残っています。それが自我です。

自我は三つの「体」（物質体、エーテル体、アストラル体）と本質的に異なります。自我は「体」のような「人のカタチ」を持ちません。自我にとって「体」は道具的存在で、外的なものです。だから自我は「魂体」と呼び「体」と区別します。

「魂」というと、ヒトダマや幽霊を連想するかもしれませんが、「体」と区別するための識別子です。役者魂とか職人魂という言葉がありますが、彼らの職業家特有の自我活動に、私たちは「魂」を感じます。特殊なものではないのです。

図2-8　自我は「感覚」「思考」「感情」「意志」からなる

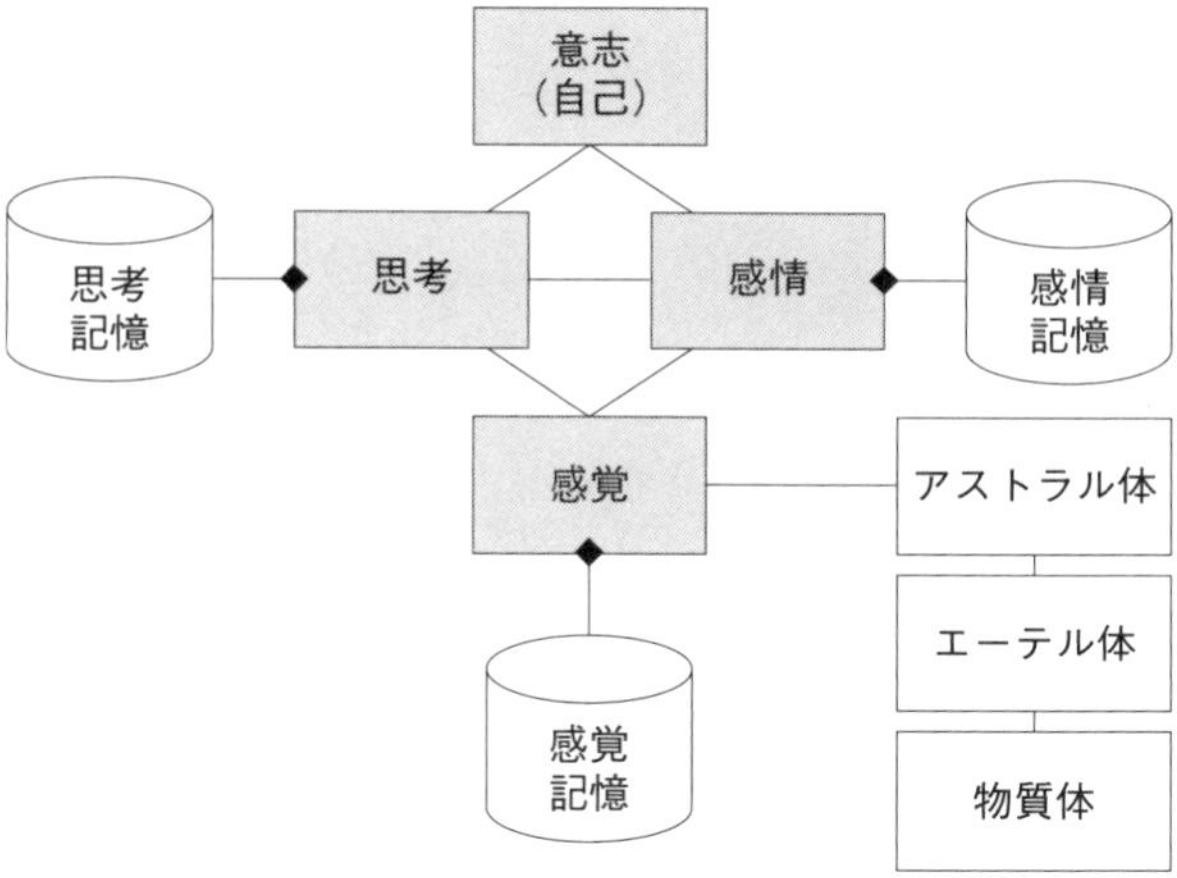

アストラル体と魂体の総体は人間のアストラル体です（図２－１）。幽体離脱は肉体（物質体＋エーテル体）からアストラル体（アストラル体＋魂体）が離脱することです。

自我は「感覚」「思考」「感情」「意志」からなります（図２－８）。「思考」「感情」「感覚」には、それぞれの情報を記憶し、連想的に想起できる機能がついています。だから自我もしくは魂体の特徴は、外界から受け取った印象を記憶・想起できることです。それゆえに人は未来、現在、過去と時間軸に対しての認識を持つことができるのです。これは三つの「体」にはない機能です。

「知情意」などといわれるように自我は「思考」「感情」「意志」の三分節に分けることができます。しかし「知情意」だけがあっても、外界から情報が入ってこなければ、活動することができません。「感覚」と接続されてはじめて自我は活動できます。

自我の「感覚」機能はアストラル体に浸透しており、自我はアストラル体を通じてエーテル体にアクセスし、エーテル体はアストラル体と物質体の間を中継します。

自我は、三つの「体」に対して支配権を握っています。

●継続的に肉体を訓練して、望んだことができる体力をもった体に作りかえる。

●気功や呼吸法などで「気の体」つまりエーテル体を強化する。

●幽体離脱でアストラル体をコントロールする。

これらは自我があるからできるのです。動物にこんなことはありえません。自我が人間を「万物の霊長」たらしめています。自我がアストラル体と結びついて、はじめて人間の意識と呼べるものになります。

●感覚

先天的に備わっている視覚や聴覚など五感や寒暖、傾斜や上下の感覚、疲労感など様々な〈幻像〉を感受します。ただし暑かろうが寒かろうが、赤いものを見ようが、「感覚」に快／不快はありません。「感覚」からの誘因を受け「感情」が動き、自我に快／不快が生じます。

感覚には後天的に成長する身体的模倣の能力があります。たとえばタッチタイピングも最初はひとつひとつキーの位置を覚えていきますが、そのうち指が覚え自動化されます。二足歩行も、成長の初期に「動作」学習した結果、できるようになったものです。自宅の階段を暗闇でも楽に上り下りできるのも「動作」機能のおかげです。そして機械的に文字を読むことも、「動作」機能の働きです。文字を読んでいるけれど、中身はさっぱり理解していないこともあります。

人は後天的に学習によって様々な身体動作を学びますが、つねに意識的に考えて体を動かしていては、とても間に合いません。思考は動作よりかなり遅いからです。「思考」は「動作」をコントロールできず、要求する運動を「動作」機能に委託します。

動作機能は覚えた動作を自動的に代行してくれる、動物の身体的な知性をもっています。アストラル体は「感覚」であり、また「動物的な意識」だと言うのには、このような理由があるのです。

●思考

正／誤、比較の原理で動く機能です。言語や数を操ったりする機能です。知的な結論は複数の印象の比較の結果です。

●感情

快／不快の原理で動く機能です。喜怒哀楽を感じて表現します。感情と感覚は強く結びついていて、五感の知覚に対して必ず感情が快／不快を感じます。

感覚・感情・思考は相互に癒着しています。感覚にはつねに感情がつきまといます。輝く夕日を見て感動するとか、体に痛いところがあり憂鬱になるとか。感情に流され判断を誤るとか。悪いことをしたという感情が生じたけれど、それが悪いことだと決めたのはそもそも思考であったとか。

物事を判断するとき、思考で損得勘定したり、また感情的に快／不快からぱっと結論に飛びついたりすることがあります。そのとき人は「自分の『意志』でそれを決めた」と言うかもしれませんが、条件反射かも知れません(笑)。

●意志（自己・「私」・意志する者）

「思考」「感情」「感覚」は、外界の事柄に没頭しています。外からの刺激にワクワクドキドキして、入ってきた他者の言葉に応答する言葉を機械的に探して応対しているだけで、その動きは機械的な反射行動のようにも思えてきます。それに没頭しているだけなら、そこに自分自身という自我は存在しません。

けれども自我はこのほかに、自分自身を想起する力を持っています。「思考」でも「感情」でも「感覚」でもなく、それらを外から監視することができ、自分自身を再帰的に想起可能な意識が存在しています。それは自己であり自我の中心点です。

「自分自身を再帰的に想起可能」というのは、たとえば、誰かを目の前にして、自分が激しく怒っているとします。そんなとき怒っている自分を、どこかで醒めた目で見ている、もう一人の「私」に気づくことがあるでしょう。そして怒られている人、怒っている自分、それを見ている私、そしてそれら三者を見ている私、さらに……と、どこまでも再帰的に、対象から離れて客観視することができます。ただし、多くの場合、怒りに没頭して、「我」を忘れてしまいますが。

「思考・感情・感覚」を統御し、それらの主人となる〈私〉が「自己」であり、意志を発する者なのですが、実際のところ、私たちは思考・感情・感覚に振り回され、自我の主たりえる自己を所有できているとは、言い難いところがあるように思います。

●魂体の三分節

魂体は「感覚」「思考」「感情」「意志」からなると説明しましたが、シュタイナーは魂体を感覚魂、悟性魂（心情魂）、意識魂の三分節からなるとしています。

「感覚」は「感覚魂」です。「意志（自己）」は「意識魂」です。悟性は通常、知性や理解力のことですが、心情魂とも呼んでいることから、筆者は思考と感情の総体が悟性魂に相当するとみなしてよいと思います（図２－９）。

これまで説明してきたことは、私たちがよく知っている精神活動の範囲に収まっています。意識的に自覚する機会の少ない、もやもやした精神と体の総体を、いくつかのオブジェクトに分割し、整理しただけの話です。

ですがシュタイナーもグルジェフも、人間にはさらに高次の精神機能が隠されていると述べています。その高次機能と私たちの意識が接続するためには、意識魂（自己）が鍵になるのです。魂体が感覚魂を通じて「体」に接続するように、魂体は意識魂を通じて高次の機能に接続されています。

しかし目覚めている意識魂と、眠っている意識魂があり、眠っている状態では高次機能との接触を欠いています。だからまず自己に目覚めなければなりません。

図2-9　魂体は「感覚魂」「悟性魂」「意識魂」の三分節からなる

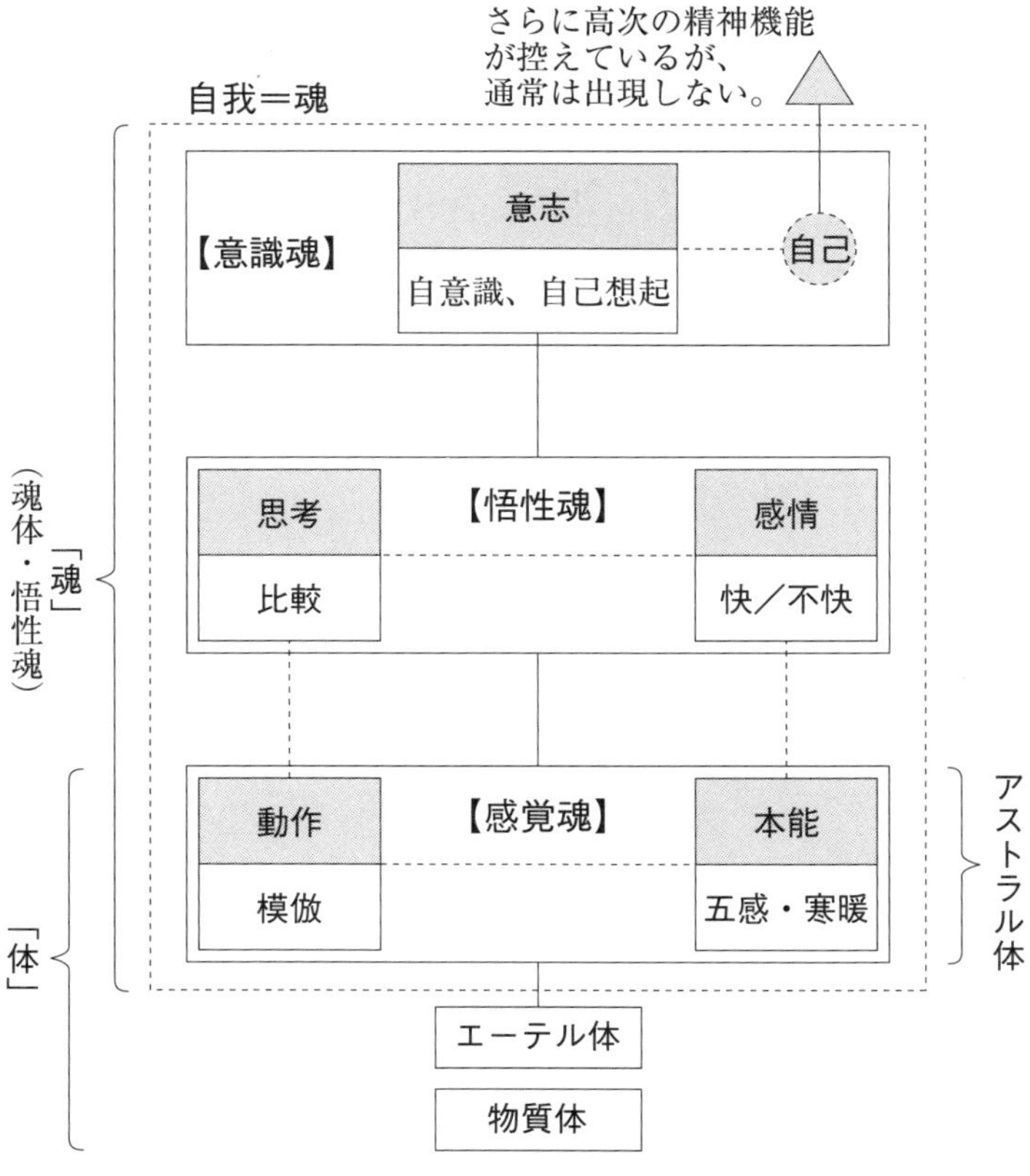

●人は馬車を運転し人生行路をドライブしている

グルジェフは「スーフィの教え」として、人間を馬車にたとえる話を紹介しています。馬車があり、御者が馬の手綱を持ってコントロールしています。馬車には主人が乗っています。主人は御者に進むべき道を指示し、御者は馬を御して馬車を目的地に進めます。

しかしこの人間馬車は、いろいろと問題を抱えています。餌が不十分で馬が痩せていたり、馬車に穴が開いていたり連結器が壊れかかっていたり、御者が居眠りしていて、主人の命令を実行できなかったりします。ただし主人は常に完全です。

馬車は感覚（身体）、御者は思考、馬は感情、主人は自己を寓意的に表しています（図2－10）。感覚魂はアストラル体を通じて、エーテル体、物質体という「体」を制御するので、ここでは身体＝感覚とみなせます。

「実に自己は自分の主である。自己は自分のよるべである。故に自分を調えよ。馬商人が良い馬を調教するように。（出典：ダンマパダ）」

「自分を調える」とは、思考（知性）、感情、感覚（身体）をバランスよく発達させ、また各分節の動きを区別できるようになることです。それによってはじめて主の意志は正しく伝達され、馬車は狂いのないコースを歩めるのです。

図2-10　人間を馬車にたとえると…

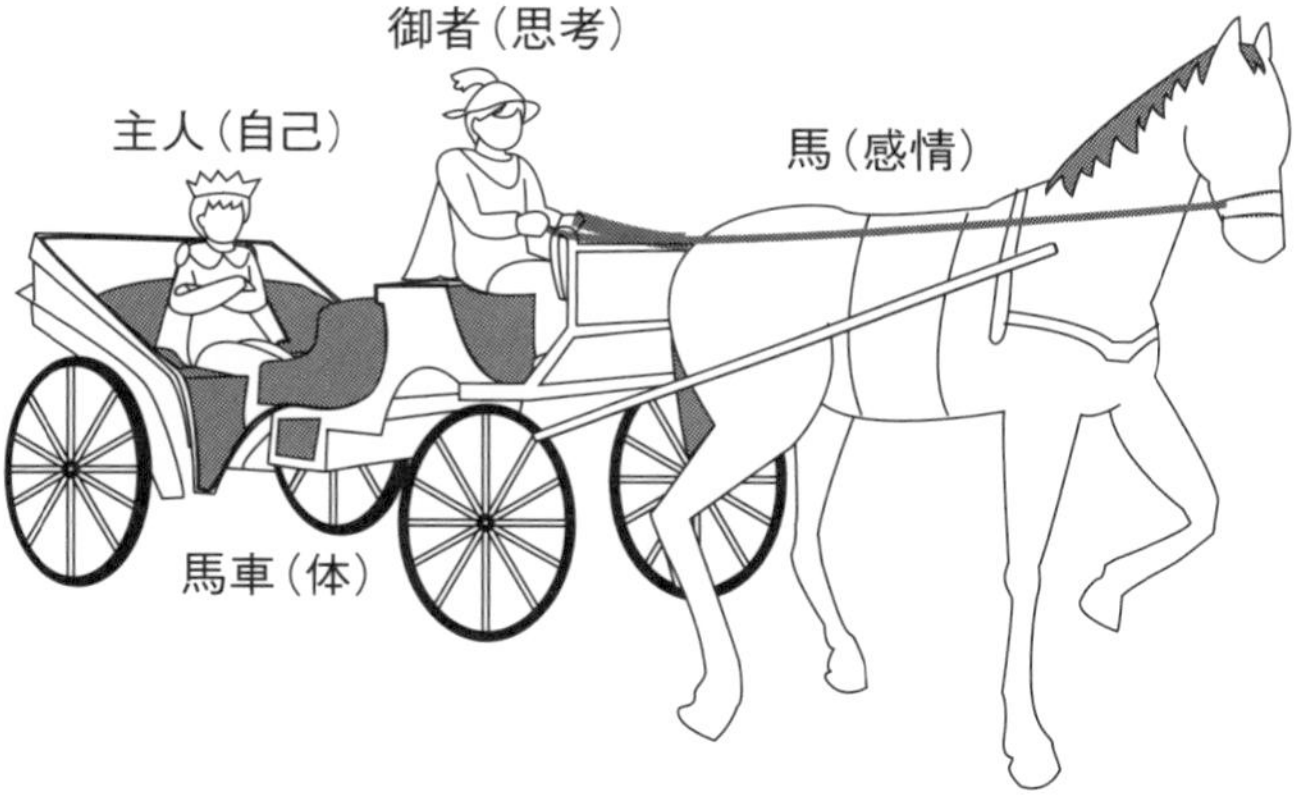

　ところで、この馬車の象徴を自動車にかえてしまったら、どうでしょうか。自動車に運転手と、その主人が乗っている絵にしてしまうと、馬という動物で表している感情の特徴が表現されません。自動車にも、そのエンジンにも、恐怖はありません。御者である思考が、馬である感情を御するところに、この象徴の良さがあるのです。

「幽体離脱をするのは怖い」と感じるのは「感情」です。馬は未知の経験はみんな怖いのです。でも、「ちゃんと仕組みはあるし、こうすればできるはずだ」と理解し、馬車を走らせるのは「思考」です。御者と馬の双方が信頼で結ばれたとき、障害を乗り越える力が馬車に生じます。

●夢と魂体の関係

夢は魂体の構成要素のうち、どれかまたは複数が麻痺している状態です。そのとき人間の自我活動は不完全にしか働いていません。特に思考や意志の機能が麻痺しているようで、見たものを何でも信じてしまう、文字どおり無我夢中の状態です。

しかし視覚や聴覚や、歩きまわるなど運動する機能は活動しています。アストラル体（感覚）は目覚めているけれど、その上位の機能が眠っています。

幽体離脱の技法は、魂体すべての機能を目覚めた状態に保ちつつ、肉体は眠らせておく技術です。

●「四つの体」のまとめ

①人の意識は、その内に再現された外界の〈幻像〉を見ている。
②肉体で目覚めているときは「物質界の〈幻像〉」を見ている。
③夢や体脱したときは「アストラル界の〈幻像〉」を見ている。
④その〈幻像〉のスクリーンがエーテル体。
⑤その〈幻像〉を知覚し認識しているものが「魂体（自我）」。

⑥その〈幻像〉を投射／感受しているのがアストラル体で、それは魂体の「感覚」機能。
⑦夢や体脱時に見る自分の幽体は〈幻像〉で、それはアストラルエーテル体。
⑧アストラル体は〈幻像〉の中にはなく、その外にアストラル体がある。

●幽体離脱を引き起こせる理由

幽体離脱の技法は簡単なものです。光体（自分と等身大の似姿）を上空にイメージし、その光体に自分が乗り移っているように、ありありと視覚化し想像します。そして眠りにつくと、うまくいけば幽体離脱が起きます。

このメソッドが意味していることは「魂体の位置を肉体から別の位置にずらしておく」ことです（図2－11）。

ずらすための心理的なテクニックが、似姿を想像し、あたかもそこに自分がいるように思い込むことです。そうすることで、魂体の位置を変えることは可能なのです。しかしそれだけではまだ不十分で、魂体は元の位置にすぐに戻ってしまいます。

戻りにくくするためには、エーテル体を操作します。第3章に書かれている周天法を使い、光体の位置にエーテル物質を集めます（エーテル体は蒸気や液体のようなもので、集めたり、小分けにしたりすることが可能な〈物質〉です）。

光体の姿をありありと視覚化するのはアストラル体の力です。

エーテル物質は、人の意念によってイメージしたとおりのカタチに化ける性質があり、周天法で強められ集められたエーテル物質は、アストラル体によって視覚化された光体の鋳型に流れ込みます。光体はあくまでも鋳型にすぎません。

エーテル物質で自分の似姿を作る際は、自分のエーテル体内にそれを作ります。エーテル体は肉体より広範囲に広がっているので、物質体から少し離した場所に、似姿を置きます。そこに魂体を避難させておくのです。

魂体には引力のようなものがあり、アストラル体はそれに引き寄せられる性質があります。眠りに入ると、エーテル体とアストラル体の結合は弱くなります。普通ならここで気絶してしまいます。エーテル体には睡眠とともに自我の炎を吹き消してしまう仕組みがあるようです。**各体が同じ座標点にあるとそうなる**のです。

しかし魂体は肉体からちょっとずらした場所に退避しておきました。そこにはエーテル物質が集められています。エーテル体がアストラル体を手放した瞬間、アストラル体は、魂体の引力に引かれて肉体から離れ、魂体と合体します。このとき自我は気絶を免れます。移動させられたアストラル体の周囲には、エーテル物質が集められており、アストラル体はエーテル体との接合を保っています。

図2-11　幽体離脱のメソッド

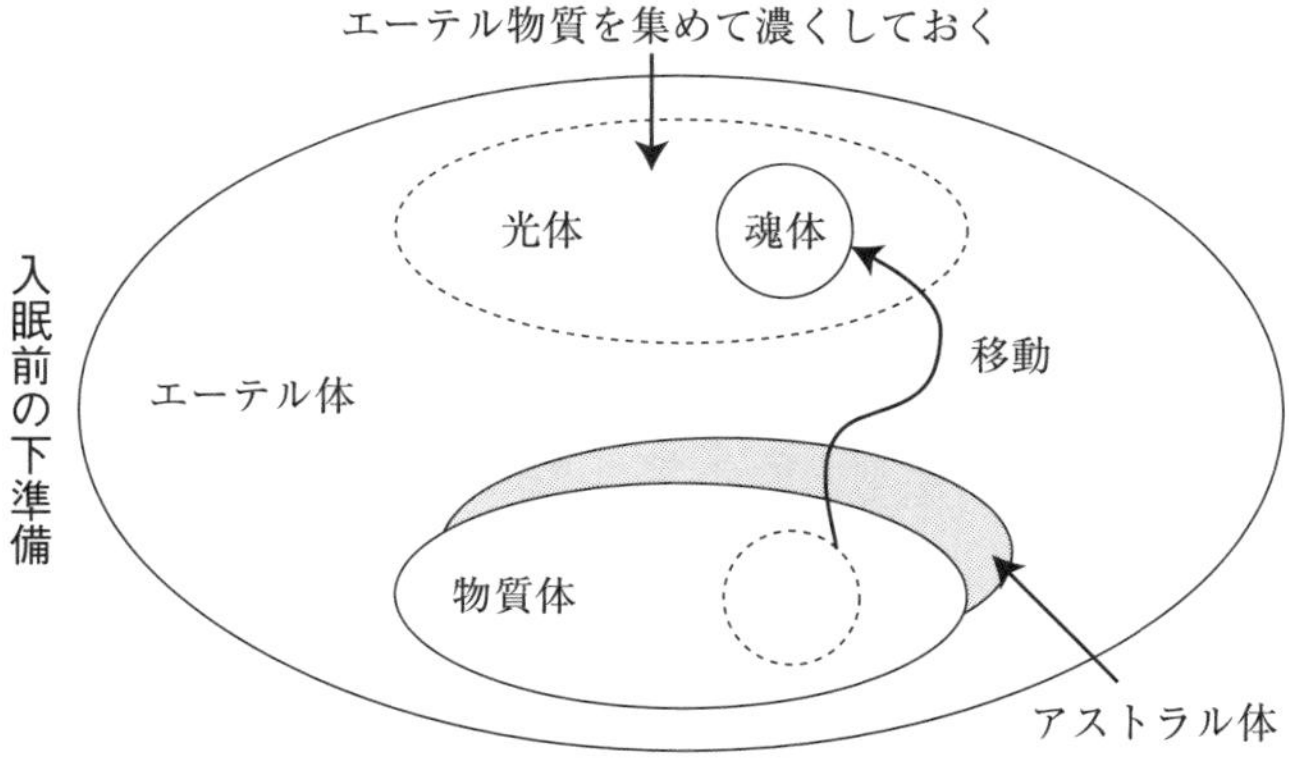

入眠前はエーテル体とアストラル体は物質体の位置でロックされている。
気を集め光体を作り、魂体をそこに移動させておく。

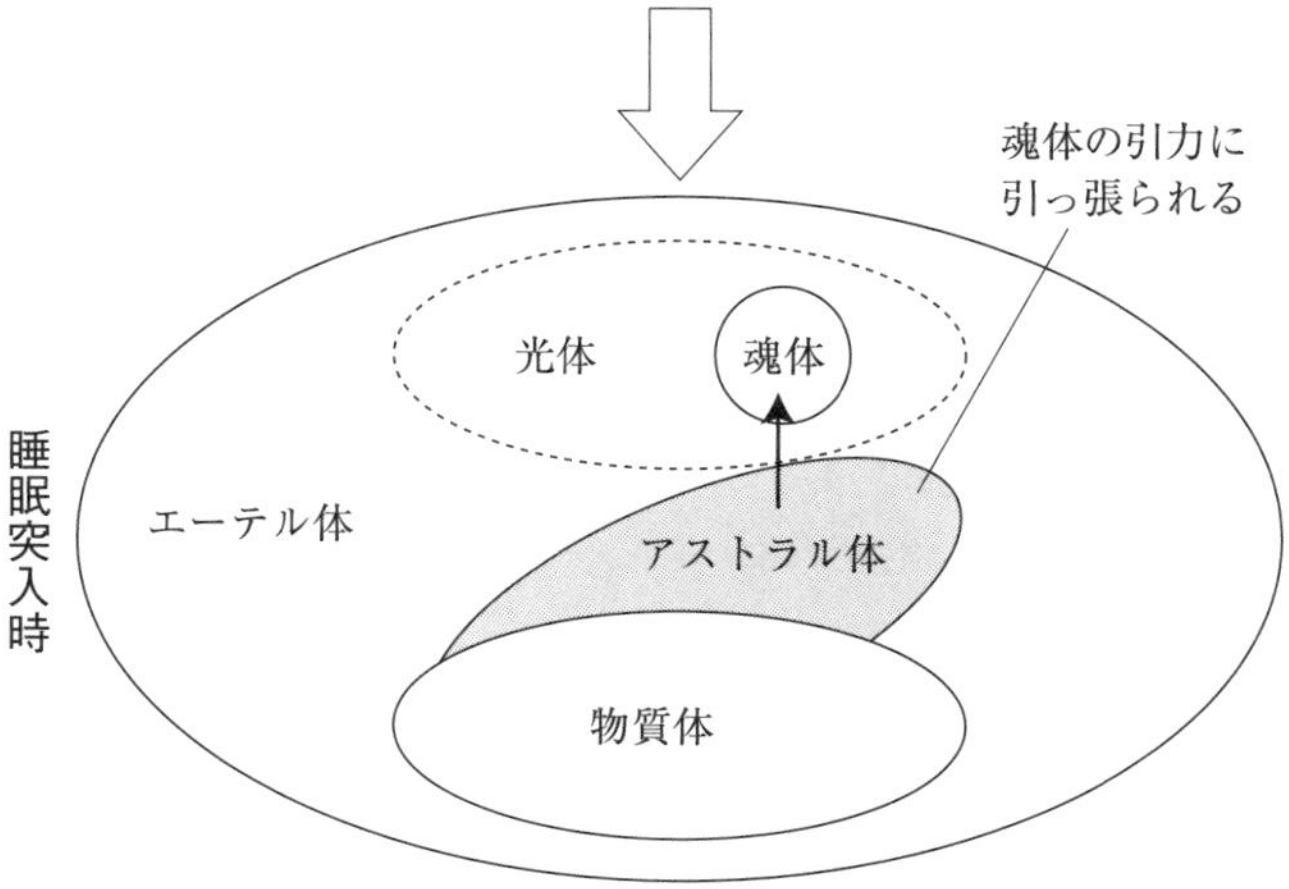

睡眠に入るとエーテル体はアストラル体を手放す。するとアストラル体が魂体の引力に引っ張られて離脱し、魂体と合体する。

アストラル体は魂体（自我）の中の「感覚」のことでした。目覚めているとき、感覚はエーテル体と強く結びついているけれど、眠りとともに外れます。しかし外れるだけだと、すぐに自我は気絶します。魂体が別の場所に移されている場合、魂体の中の「感覚」、つまりアストラル体は肉体付近のエーテル体から離れ、別の場所に用意されたエーテル体の中に潜り込みます。

エーテル体の中に、もう一つ濃密にエーテル物質を集めて擬似的なエーテル体を作り、そちらにアストラル体をのせかえるわけです。

この状態にあるアストラル体は、アストラル界を知覚します。しかし物質界の視点から見たとき、アストラル体は肉体からそれほど離れた位置にはありません。そしてこのアストラル体やエーテル物質で作られた光体が、物質界を飛び回るわけでもないのです。

魂体はアストラル界に属しており、疑似エーテル体の中に、その界の〈幻像〉を投影しているだけなのです。

この技法の具体的な方法は、第3章の「光体法」で詳しく説明します。

第3章 さあ、幽体離脱に挑戦しよう！

✡霊トレ

最近「脳トレ」という言葉をよく耳にします。「脳のトレーニング」ということらしいのですが、基本的には思考力と思考の記憶力を鍛えることのようです。

思考力を鍛えようと意志するのは人の自我であり「魂」です。その結果、脳の中のシナプスの結合が変化します。脳トレではなく筋トレの場合は「魂」が筋トレしようと意思して、自らの肉体に働きかけ、その結果、肉体が改造されます。

脳は物質でできた構造物であり、その形を維持しているのがエーテル体であり、エーテル体の〈脳〉がその背後で働いています。そして私たちはエーテル体の知覚を超えることはできません。しかしエーテル体は物質体の中をいくら探しても見つからない。つまりそれは霊的、あるいは魂的なものなのです。思考や感情など、精神機能を鍛えるのは、精神にしかできないことです。しかしその活動に、脳も肉体も付き従います。

幽体離脱の訓練は、内なる身体と「魂」を鍛えることです。筆者はこれを「霊トレ」と呼ぶことにしました。脳トレは主に思考だけを鍛えようとしますが、霊トレは思考・感情・身体（感覚）の三分節すべてを総合的に鍛えることです。

肉体をくつろがせ、呼吸法によってエーテル体を鍛えることで、これまで気づかなかった「気」の感覚に目覚めます。「こんな特殊な感覚が眠っていたとは！」と、きっと驚かれるでしょう。

幽体離脱の難関は恐怖に打ち勝つことです。恐怖を感じるのは感情です。このとき思考が、「一見恐ろしく思えるけど、安全なものだ」と理解すれば、感情はだいぶ落ち着きます。しかし、まったく未知の領域に突入する恐怖は完全にはぬぐい去れないもので、幽体離脱が起きる直前まで行っては、引き返すということをくり返すことになるかもしれません。その難関を突破するには、思考でも感情でもない、自己信頼が生まれてくる必要があるでしょう。「知情意」と「体」のバランスをとり、人間馬車をドライブしなければなりません。馬（感情）の扱いが特にやっかいです。馬はとても臆病な生き物なのです。

そして難関を突破して、アストラル界に目覚めたら、そこには摩訶不思議な世界が広がっています。たくさんの冒険をして下さい。楽しいですよ（笑）。

そしてそれにも飽きたら、もっとすごいことが待っています。魂の隠された領域に歩みを進めることになるでしょう。

それでは「霊トレ」、がんばって下さい。

✡幽体離脱にふさわしい条件

●身体のコンディション

次のような状態がベストです。

●疲労や痛みがなく元気で、適度な眠気（睡眠圧）がある状態。

●満腹でも空腹でもなく内臓が落ち着いている状態。

身体的にある程度の健康を保っていなければなりません。風邪を引いているとか、鼻づまりがあるとか、腰痛や胃潰瘍など身体のどこかに痛い部位がある場合は、まずそれを治しましょう。風邪引きさんに水泳を勧めるわけにいかないのと同じです。

心臓に深刻な持病がある方、ペースメーカーを使用している方は絶対に試みるべきではありません。というのは、かなり心臓に負担をかけることがあるからです。特に初めて幽体離脱が誘発されたとき、激しく心臓が脈打ち、自分の鼓動が聞こえてくるほどです。この原因は恐怖心が主な理由のようで、何度か体脱して慣れるにつれてだんだん緩和されます。

しかし経験的にいって、どうもそれだけではないようで、充分に慣れた現在でも離脱直前に動悸が速くなることがあります。生理的なところで心臓に負荷をかける原因があるのかもしれません。

●練習によい時間

練習ならば夜眠る前がよいでしょう。うまくいけばそのまま離脱できますし、失敗しても寝てしまうだけです。ただし幽体離脱にもっともよい時間は、眠りから覚めた直後です。充分な休息によって身体には「気」が満ちています。いつもより一時間半くらい早めに起きて、体脱メソッドを行うとよいでしょう。一時間半というのは、睡眠サイクルの周期で、つまり一周期早く起きるということです。この時間は目安なので、何度か時間を加減して、ご自分に合った睡眠時間を見つけて下さい。

筆者はいつもより早めに起きて、まだ眠気が残っている状態から十五分程度起きて、ある程度、目を覚まし、それから実行していました。目の覚まし加減にコツがあって、あまり眠くても、目覚めすぎてもだめです。適度な睡眠圧が必要です。

●季節や天象などの自然環境

寒くもなく、暑くもなく、暖かく、晴れていて、空気が乾燥していて、気持ちの良い日がベストです。春は成功率が高いですが、天候が変わりやすく、この条件を満たす日は多くはありません。ただしあくまでもそのような傾向があるというだけで、雨の日に幽体離脱することもあるし、快晴の日でも失敗することはあります。

西洋魔術では新月前後の期間は悪く、満月前後の期間はよいといわれます。月の満ち欠けは、ある種の生命的なエネルギーの強弱と関係しており、その力は新月の直前が最低となり、新月を過ぎ月が満ちていくに従って少しずつ増加していき、満月で最大となり、新月に向かって、また少しずつ減少していきます。潮の満ち引きのように動いていて、その周期は約三十日です。

筆者が経験的に一番良好に思えるのは、上弦の月から下弦の月までの約二週間です。新月前後は確かに離脱しにくく、例外として満月の日もあまり成功しないように思います。その月齢によって変化する自然界の流れを味方につけ、その流れに乗るほうが得策です。その具体的な方法については本章の「月のリズムを味方につけよう」で説明します。

●部屋の環境

「開放感のある環境」がキーワードになります。雨戸を閉めると静かでよいですが、長くいると息が詰まるような気もしてきます。では窓を開け放して寝れば開放感があるかというと、防犯的に不用心なことが気がかりになると、開放感は薄れます。電話がいつ鳴るかわからない、他人が部屋に入ってくる可能性があるというのもマイナス要因です。しかし完全に理想の環境を用意することは不可能ですから、できる範囲でよい条件を整えてみて下さい。

●邪魔の入らない静かな一人部屋。
●室内は明るすぎず暗すぎず。
●寒すぎず暑すぎず適度な室温。
●電話も目覚まし時計も音が鳴らないように。
●ベッドのクッションは柔らかすぎないものを。
●掛け布団は羽毛布団など軽いものがよい。
●パジャマなど楽な服装で。

普通、離脱は頭の側から抜けます（まれに逆もあるようですが）。離脱直後、ベッドの天板に幽体の頭をぶつけたことがありました。だから頭の側に障害物がなく、広々しているほうが離脱にはよいでしょう。

筆者は部屋の窓の鍵を開けておくようにしていました。離脱したとき窓を開けようとしたら鍵がかかっていて、鍵を開けようともたもたしているうちに引き戻され、外に出そびれたことがあったのです。それで鍵をあらかじめ開けておいたら、離脱したときも簡単に窓を開けて外に出ていけたのです。おまじないのようなものですが、いつでも窓を開けて出ていけると素直に思えるわけで、これも開放感を得る一つの方法です。

✡訓練法のアウトライン

本書の幽体離脱法は、意志の訓練、弛緩法《しかんほう》、呼吸法、周天法、光体法の五種類のトレーニングで構成されています。幽体離脱の訓練は基本的には肉体のトレーニングなので、個人差があります。自分の体と相談して、練習量は加減して下さい。自分なりに創意工夫することも大切です。

訓練法の概略を説明します。

●意志の訓練

意志の訓練は毎日決まった時間に自己を想起する訓練です。そしてそれが「できたか／できなかったか」を毎日、日記に記録します。この訓練は、他のメソッドをすべてさぼっても続けなければなりません。このメソッドは「訓練を継続させる」という、とても重要な役割を持っています。**継続なくして成功はありえません。**

●弛緩法

弛緩法《しかんほう》は全身の力を意識的に抜く訓練で、幽体離脱の基礎となるものです。体脱を試みるときも、試みないときも、毎日欠かさず眠る前に弛緩の練習をしましょう。その際、呼吸法も行います。

●呼吸法

ゆっくり深く規則正しい呼吸をくり返す訓練です。心身を落ち着かせます。またこの呼吸法は周天法に必要になります。

●周天法

エーテル体を鍛えるためのもので、身体の上に三つの光球を視覚化し、気のエネルギーを回流させる呼吸法です。幽体離脱に有利な体質を作ります。

スタートラインは誰しも平等ではありません。肉体の作りが人それぞれ異なるように、エーテル体にも差はあります。エーテル体が強い人は、周天法をしなくても幽体離脱ができるかもしれません。しかしそのような人は少数でしょう。

●光体法

幽体離脱を引き起こすメソッドで、自分と同じ姿をしたもう一つの身体（光体）をイメージによって打ち立て、その身体に乗り移るという内容です。ただしこれは弛緩法と周天法を充分にマスターしてからでないとうまくはいかないでしょう。身体にある程度の下準備が整ってはじめて有効性が出てくるメソッドです。

●練習の進め方

光体法の練習は上弦の月↓満月↓下弦の月までの期間（約二週間）に行うのが効率的です。残り半分の期間に行っても失敗する確率が高いので休みとし、弛緩法や周天法に集中して、エーテル体にエネルギー（「気」）を貯えておくことをお勧めします。

もし**幽体離脱に成功したなら、その日から二〜三日は離脱しやすい条件が整っている**と考えられます。集中的に試みるとよいでしょう。

一日のうちで自分に都合のよい時間を決め、毎日のトレーニングを進めて行きます。一カ月で離脱できなかったときは、決意を新たにまたくり返して下さい。

月齢に合わせた練習メニューを示します。

●新月から上弦の月まで

弛緩法・呼吸法（または周天法）

●上弦の月から満月、満月から下弦の月まで

弛緩法・周天法・光体法

時間がないときは、周天法を省略してもよい。

ただし二～三日おきには光体法をさぼっても周天法をしたほうがよい。

●下弦の月から新月まで

弛緩法・呼吸法（または周天法）

✡意志の訓練

●決意を書いて壁に掲げよう

練習自体は簡単なのですが、難しいのは成功する日までそれを継続することです。物事には短期集中型で突破できるものもありますが、長い時間をかけなければ達成できないものもあり、幽体離脱は後者です。

なにかをしようと意志しても、しばらくすると飽きてくるし、そんなときに限ってまた目新しい誘惑がでてきたりします。最初の願いを忘れないように、紙に書いてどこか目につく場所に張っておきましょう。これだけで持続力がアップします。

●書き方の例

「幽体離脱をマスターする（作成日 △年○月×日）」

「○月×日までに幽体離脱をマスターする（作成日 △年○月×日）」

この決意書きは、春分または秋分になったら作りなおします。春分と秋分は大地を巡る「気」の流れが反転する時です。それは風向きの変化と同じで、日本上空を流れる大気の向きが変わります。冬から春になったとき、また夏から秋になったとき、心理的にかなりの変化があるはずです。過去を忘れ、決意を新たに再スタートしましょう。

●訓練日記を始めよう

幽体離脱の練習は、傍目には寝ているのと変わりなく、努力の痕跡は目に見える形で残りません。そういう練習は、だんだんいい加減になっていきがちです。専用のノートを用意し、毎日、日記をつけるようにしましょう。

意志を継続させることが主な目的なので、書くことがない日にまで無理やり文章を書く必要はありません。そのときは「お天気日記」でもいいです。

ただし**必ず毎日書き続けること。**一行でいいから毎日書くのです。

【日記のサンプル】

「△年○月1日　☆曜日　晴れ」

「△年○月2日　☆曜日　曇り」

「△年○月3日　☆曜日　曇りのち雨」

でも、これだけでは面白くないので、幽体離脱に役立つ日課を用意します。

●決めた時刻になったら「これは夢だ」と思う

朝、昼、夕と任意の時刻を、自分の都合に合わせて決めます。その時間になったら、なにか決めておいたことをします。たとえば柏手を打つとか。そしてその時刻に気づき、手をたたいている自分自身にも注意を向けます。これが基本です。これを自己想起の訓練と呼ぶことにします。

幽体離脱用には柏手よりもっと有効なものがあります。それはその時刻になったら「これは夢だ」と思うことです。なぜこれが有効なのかというと、夜、眠ったときに夢の中で目覚めることができるようになるからです。

夢を見ているとき、なんでもそれが現実だと思ってしまいます。それは目覚めているときの生活を、私たちが現実だと思い込む癖がついているからです。現実の生活も夢なのだと思い込んでおけば、夢の中に行ったとき、「これは夢だ」と自覚を取り戻せるのです。

「現実という夢を見ているのだと思おう」ということです。そしてそのとき、外界とそれを見ている自分自身に同時に注意を向け、自分の存在が「ここに在る」ことを、再認識することが重要です。とにかく、すべて外界は夢であり、そのなかで目覚めている「私」を全身全霊で自覚するのが、このメソッドの要点です。そして日記には、これができたかできなかったかを記録します。見本を示します。

【日記のサンプル】

△年○月1日　☆曜日　晴れ

自己想起　朝　した

　　　　　昼　しなかった

　　　　　夕　した。少し遅れた。

しなかった、あるいはできなかったとき、言い訳は一切書かないこと。言い訳は、次々と新しい言い訳を生みます。「思考」は本質的にそういう働きをもっているので、つきあうだけ時間の無駄です。「私＝自己」は「思考」ではないし、日記は「私」が書くものであることが重要です。

とにかく気軽にやってみて下さい。毎日の自己想起が朝昼夕と全滅の日が続いたとしても、気にしなくてもよいです。**気にすべきなのは、記録を取り続けること**です。

●夢を記録する

人は睡眠中、誰でも幽体離脱している、夢を見ていると言われます。でも記憶が残らないことが多いでしょう。しかし思い出そうと意図し続けていれば、だんだんそれができるようになります。そしてますます夢をたくさん見るようになるでしょう。

「叩けば開かれる」……これは法則です。

アストラル界は現実と相関関係を持っています。アストラル界の情報はひねりがはいっていて、見た夢が正夢になったと感じることは少ないでしょうけれど、だんだん夢の情報が現実に反映していることに気づくようになるはずです。

夢の経験を、言葉で表現しようとすると難しいことがあります。アストラル界は異なる秩序が働いていて、目覚めているときの世界認識とは異なります。それは幽体離脱のときも同じです。だからこのメソッドは夢を言葉にする練習でもあるのです。

夢の記録を三カ月続けると、そこにいろいろと有益な情報が潜んでいることがわかるはずです。無理にする必要はありませんが、夢解読をしてみるのも楽しいものです。

夢の解読法には様々な方法があります。筆者がお勧めするのは、自分で考えて解読することです。解読には辞書が必要です。夢で出てきたシンボルをその辞書で調べ、その夢がなにを暗示しているか考えてみます。シンボル辞書は様々なものがありますが、お好みのものを使えばよいです。一例として『イメージシンボル辞典（アト・ド・フリース著）』（大修館書店）を挙げておきます。

夢の中で見たアイテム、動物、その他様々なものを辞書で調べてみるのです。それから「夢の中でも感情は正しい」と言われます。その夢を見ていたとき、自分がどんな感情を抱いていたかもよい判断材料になります。

●日記は自分を知る最高の財産

訓練日記には、これから説明していく、いくつかのメソッドを実行したときの状況や感想を書いていきます。なにか問題が起きたときは日記が手がかりになるでしょう。日記をつけずに訓練を続けるのは、帳簿もつけずに商売をするのと同じです。

とはいえ最低限、お天気日記と、自己想起の成否の記録だけを続ければよいのです。なにもしなかった日は、それ以外は無理に書く必要はありません。

この他に、どのようなことを書くかについては、詳しくは述べないことにします。「書いておくべきだ」と思ったことはなんでも書けばよいです。続けていくうちに、何を書いておくと有益か、おのずとわかります。

日記には、簡潔明瞭に重要なことだけを書きましょう。冗長に書くと、後から読み返すときに見通しが悪くなります。最初は言葉少なく書いてあるぐらいでちょうどよいです。

日記が長年蓄積されたとき、自分自身を知る最高の資料となります。だから大切に保管して下さい。後になってはじめてその真価が理解できるでしょう。

筆者は二十年以上、日記を続けていますが、短期間ながら失ってしまった日記もあります。厳重に保管しているつもりでも、予期せぬ事態は起きるものです。

✡弛緩法

幽体離脱は、肉体感覚から幽体感覚に目覚めることともいえます。肉体の筋肉に力が入っていて、こわばりがあると、肉体感覚の刺激がつねに意識に入ってきます。幽体を肉体から外すためには、肉体から来る刺激を極力小さくしなければなりません。それは筋肉の力を意識的に抜くことで達成できます。私たちは無意識に筋肉にこわばりを作る癖をもっていて、それは肩こりなどの原因の一つになっています。それを意識的に脱力する方法が弛緩法です。

これは筋トレやストレッチとはまったく正反対の運動といえるかもしれません。それらはみなどこかの筋肉に力を入れる運動です。弛緩はそれとは反対に、すべての筋肉の力を抜く、あるいは筋肉の力を完全にバランスのとれたニュートラルな状態に保持する練習です。

●基本姿勢「シャバ・アーサナ」

筆者が体脱するときはいつもこの姿勢です（図3－1）。しかし仰向けでずっと横になっているのがつらい方もいるでしょう。その場合は普段ご自分が眠るときと同じ姿勢から始めればよいと思います。ですが、普通に仰向けになる姿勢が、やはり無理がなく癖がなくベストです。肉体の一番ニュートラルな、あるいは無気力な姿勢です。ハタ・ヨーガではこの姿勢に「シャバ・アーサナ（屍《しかばね》のポーズ）」という名前がついています。一番力が抜けた姿勢で、一番安定した体脱ができるように思います。

弛緩法《しかんほう》は最初、畳の上や薄いマットレスの上で練習するほうが、自分の筋肉の様子を観察しやすいです。身体を締めつけない、ゆったりとした服装がよいです。パンツをはかないよ

図3-1　基本姿勢「シャバ・アーサナ」

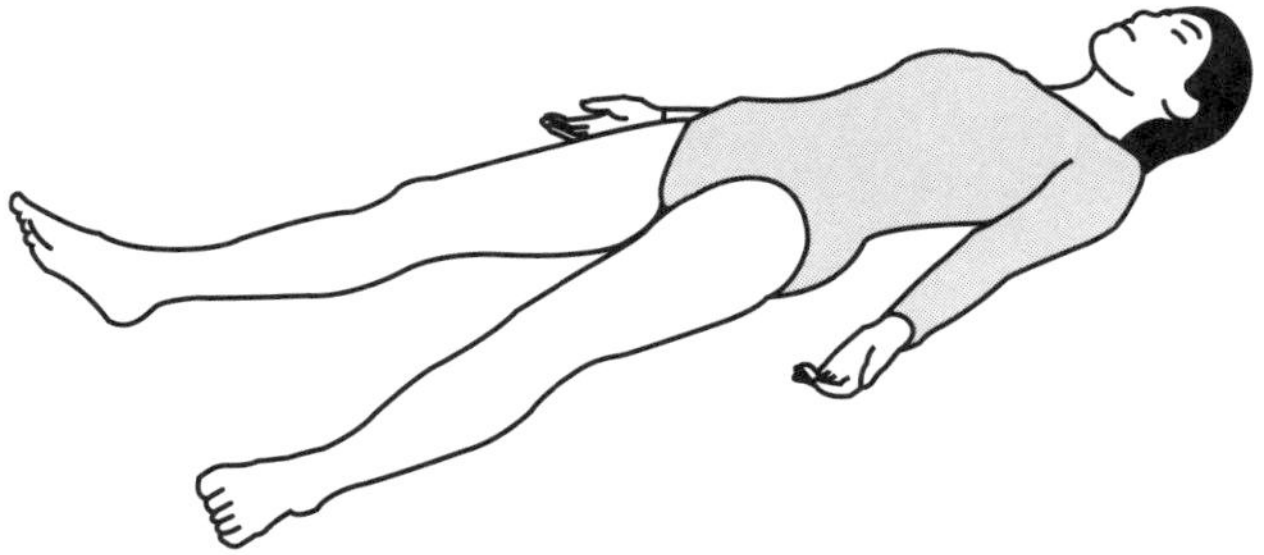

うにするのも効果的です。

●仰向けに寝ます。枕は使わないこと。
●目は閉じるか、あるいは半眼（薄目を開ける）にする。
●両腕は適度に開いて胴体からは離します。
●両脚も肩幅より少し広めくらいに開きます。
●手の平は天井に向けます。
●奥歯をかみしめないようにします。

①腕や足をどの程度広げればよいかは、自分にとって一番楽だと思える位置から始めます。

腕の開き加減は肩が凝っている人ほど広く開きたくなるでしょう。足の開き加減も最初は少し広めにします。

手の平を上に向けると、肘の関節に違和感

を覚えるかもしれません。その違和感が最小になるように、腕の開き加減を調節します。腕を真横まで開いてもよいです。左右で腕の開き加減が同じにはならないかもしれません。それは左右の筋力のバランスが崩れているということですが、気にせず最適と思える位置を優先します。

②両足を左右にぱたぱたと回転させ数回往復運動します。腰をかるく左右に揺すり、首も軽く左右にふります。全身を軽く揺らして落ち着かせます。

③少し胸を宙に浮かせます。後頭部で支える形になります。三秒程度保持して脱力します。

④二の腕から肩に力を入れて少し胸を浮かせ、数秒保持して脱力します。

⑤腕をわずかに持ち上げるように力を入れて少し浮かせ、数秒保持して力を抜きます。これは両腕同時にではなく片腕ずつ行うこと。足も同様に行います。

⑥頭頂と頭皮に意識を向けます。緊張しているなら意識的にゆるめましょう。

⑦姿勢はそのままで、目線を真正面から上の方向に向けて数秒保持し元に戻します。目のまわりの緊張をほぐす働きがあります。目は開いていても閉じていてもどちらでもよいです。顔面に注意を向け、特に目のまわりの緊張をゆるめます。口のまわりや、あごにも注意を向けて脱力します。

⑧首から肩にかけて注意を向けて脱力します。

⑨左右の腕から指先までに注意を動かして脱力。左右交互に行いましょう。
⑩胸からお腹にかけて注意を下方に移動させながら力を抜いていきます。胸は特に肋骨に注意を向けるとよいです。背中の面も同様に行います。
⑪腰まわりやおしりや大腿骨のつけね（股関節）に注意を向けて脱力します。
⑫左右の足も、太腿から足の指先まで注意を向けて脱力します。
⑬ここまできたら、最初に決めたポーズが少し具合が悪いと感じるかもしれません。筋肉がゆるんで、最初の姿勢は最適な状態に感じられなくなったのです。そう感じたらまた両手や両足の開き加減を調節します。最初の状態より、いくぶん手足を開く角度をせまくしたほうが具合がよくなったことに気づくでしょう。
⑭もう一度最初からくり返します。

これをくり返すうちに、力が十分に抜けた状態にかわっていき、ほとんど姿勢を動かさなくて済む状態に到達するはずです。

●チェックすべき身体の部位

頭頂や頭皮。

まぶた、目のまわりやあご、耳、鼻や頬、顎や唇、後頭部、首。

左右の肩、肩胛骨、二の腕、ひじ、手首、手のひら、五指一本一本。

胸、肋骨、おなか。

背中の上部から腰にかけて。

腰の回り、おしり。

左右の太股の付け根、ふともも、ひざ、足首、かかと、それぞれの指先。

太腿は大腿骨に注意を向けるとよい。

細かく見ていくとたくさんありますが、要は全身くまなくチェックしましょう、というだけの話です。頭から足に向かって弛緩するのが基本です。

特に顔面の緊張はよく観察して取り除いて下さい。顔面と人体は対応関係があるといわれます。眉毛は肩に、鼻は背骨に、アゴは腰に対応しています。だから顔の緊張をほぐせば、自然と全身の緊張もほぐれるのです。

●グニャグニャ体操

幽体離脱の前に行うと、効果的な体操です。弛緩法の前に行います。直立して身体の力をゆるめて、グニャグニャと体をゆさぶりま す（図3−2）。転ばない程度に膝上から上半身の力を抜き、前後、左右、上下と気の向くまま、大きくまんべんなくグニャグニャさせます。一、二分間、少し激しくゆさぶります。これを行うと、肉体と幽体の連結が一時的に緩み、成功率が上がります。

●姿勢のバリエーション

幽体離脱に有効な姿勢を他にも二つ紹介しておきます。ただし基本のポーズにある程度習熟してから使って下さい。これらは通常の

図3-2　グニャグニャ体操

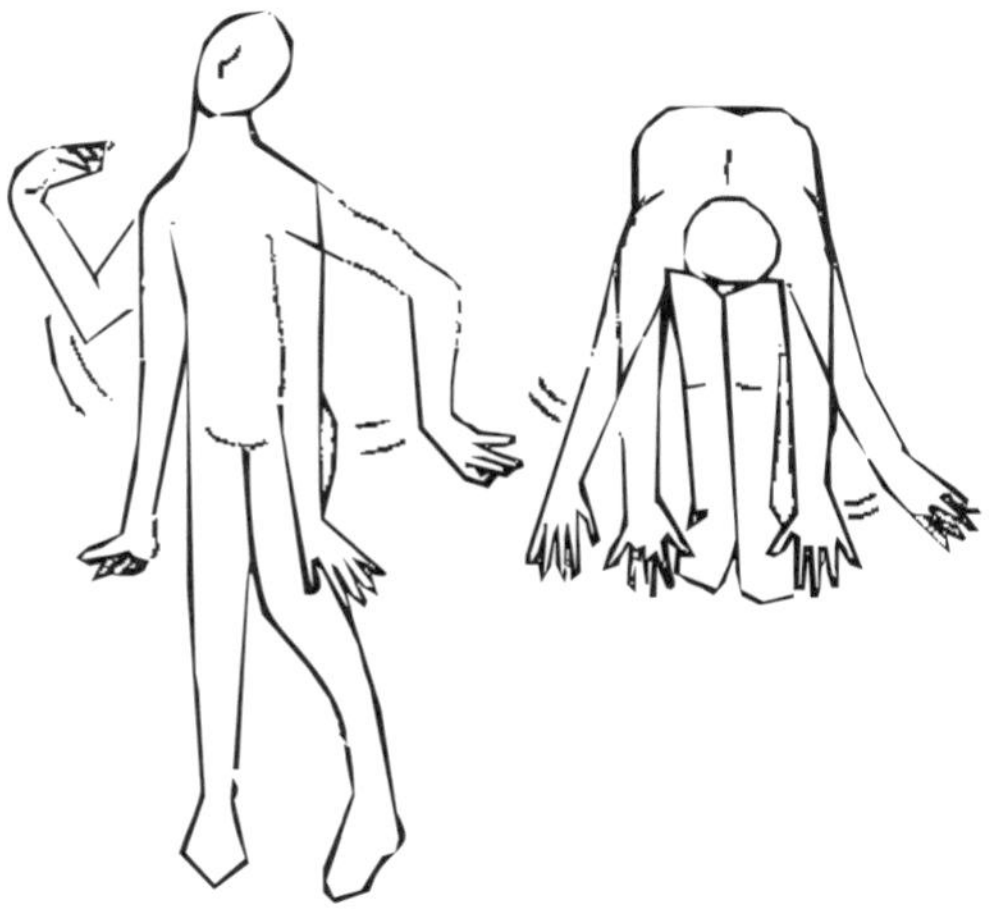

シャバ・アーサナに若干の負荷をかけて眠りに落ちにくくする効能があると説明することもできるのですが、身体の気の流れにちょっと変化をつけることで、体脱しやすくなる場合があります。

ただし、誰でもたちどころに体脱できる魔法の処方箋ではありません。何回やっても寝てしまう場合に試してみるとよいでしょう。

また膝を立てるとか腕を組む姿勢は、長くその姿勢を保つのに無理があり、体脱できても肉体が痛くなって離脱が中断されやすいという欠点があります。

①仰向けに寝て胸で手を組む

シャバ・アーサナと同じですが、両手を胸で組む点だけが異なります。堅く手を組む必要はなく、手のひらを重ね合わせるだけでもよいです。肩が張って充分に脱力できないときは、この方法が有効かもしれません。離脱したとき、組んでいる手がひっかかる場合がありますが、慣れたら気にならないでしょう。

②仰向けに寝て膝を立てる

仰向けに寝て両膝を立てます。これだけでずいぶんと眠りに落ちにくくなります。またこの方法は、うとうとし始めたころをねらって足を立てるのがコツです。最初から立てていると眠りに意識を近づけるのに時間がかかりすぎると思います。片膝だけを立てるようにし、ストレスの強度を調整することができます。

●弛緩法の練習の進め方

全身が弛緩できたら、呼吸法、周天法、光体法などを練習するのですが、最初は先を急がずに、一週間くらい弛緩法のみに集中することをお勧めします。初めは床の上で練習し、やり方がわかったら、夜寝る前にふとんの中で練習するとよいでしょう。

全身がリラックスできたらそのまま眠りましょう。そのままでは眠れないなら、姿勢をくずしてかまいません。いつものように普通に寝ましょう。

この練習に習熟してくれば、前よりも眠りにつく時間は早くなるでしょうし、朝起きたときも前より疲れが残らなくなっていることに気づくはずです。

最初は特に丁寧に身体の各部位とその筋肉に、注意を向けて下さい。面倒に思えても、丁寧に弛緩の練習をしていけば、やがて「動作」機能（53ページ）がそれを覚え、すぐに力を抜くことができるようになります。

また全身に注意を向けて力を抜いていく過程は、眠りによって消失する注意力や思考を動かし続けながら、ゆっくり眠りに接近することとも言えます。

幽体離脱は普通に眠ることではない点に注意して下さい。瞑想をするとき、眠る姿勢でそれをすればすぐに寝てしまうでしょう。坐禅を組んだり、椅子に座ったりしたほうがよい瞑想ができます。瞑想が眠ることではないように、幽体離脱も完全に寝てしまっては失敗です。だから基本のシャバ・アーサナではなかなか眠れないというのは、ある意味正解で、それくらいのほうが幽体離脱にはちょうどよいのです。

✡呼吸法

呼吸が乱れたり浅くなったり速くなっているとき、人は忙しく活動していたり緊張しているものです。逆に意識的にゆっくりと呼吸することで、忙しい自己の内面の対話を減らし、感情を鎮めることができます。難しく考える必要はなく、基本は「規則正しいリズムで普段よりゆっくり深く呼吸する」です。ただしその呼吸法によって苦しくなるとしたら、どこかで無理をしているからです。楽に深く呼吸できる地点を見つけて下さい。呼吸は鼻でします（鼻づまりで鼻呼吸ができないときは口呼吸するしかないですが）。

呼吸法は吸って吐くのをワンセットとして数回すれば充分です。息を吸い込むとき、吸い込んだ空気を肺の底部にため込み、次に肺の中部を満たし、さらに肺の上部を満たすというようにイメージしながら行います。また吐くときは上部から貯まっている空気を捨てていき、中部、底部と、のこらず完全に吐ききります。

要領がつかめたら、今度は数を数えながら呼吸してみましょう。吸うのと吐くのを同じ間隔でくり返すためです。

一・二・三・四と四つ数えながら息を吸い込み、吸いきった状態で息を止め一・二と二つ数えます。

一・二・三・四と四つ数えながら息を吐いてゆき、吐ききった状態で息を止め一・二と二つ数えます。

ただしこれだとデジタル的に呼吸したり息を止めたりするように見えますが、実際には息を吐ききったあとも喉は締めず、ゆっくりと気息が流れていてやがて停止、再びゆっくり気息が流れ始め吸気に転じるようにします。つまり四角いON／OFFのリズムではなく、楕円のリズムで呼吸を続けるのです（図3－3）。**止気のとき、決して喉を締めてはいけません。**注意して下さい。

練習に慣れてきたら、四対二を六対三、八対四というように増やしていきますが、続けていればたいした努力もなく、勝手に伸びていきます。ゆっくり長い呼吸に変わっていきます。

なお呼吸法を続けているうちに、聴覚が鋭敏になり、時計の秒針の音など小さな音に気づくようになると思います。秒針の音を基準にリズムをつかむのもよい方法です。

●呼吸法の練習の進め方

幽体離脱のときは仰臥して充分に弛緩したら呼吸法に移ります。

呼吸法は体内にたくさんの空気を取り入れることが目的なので、新鮮な空気がある場所で行いましょう。人混みの中など**空気の汚い**

図3-3　楕円のリズムで呼吸をする

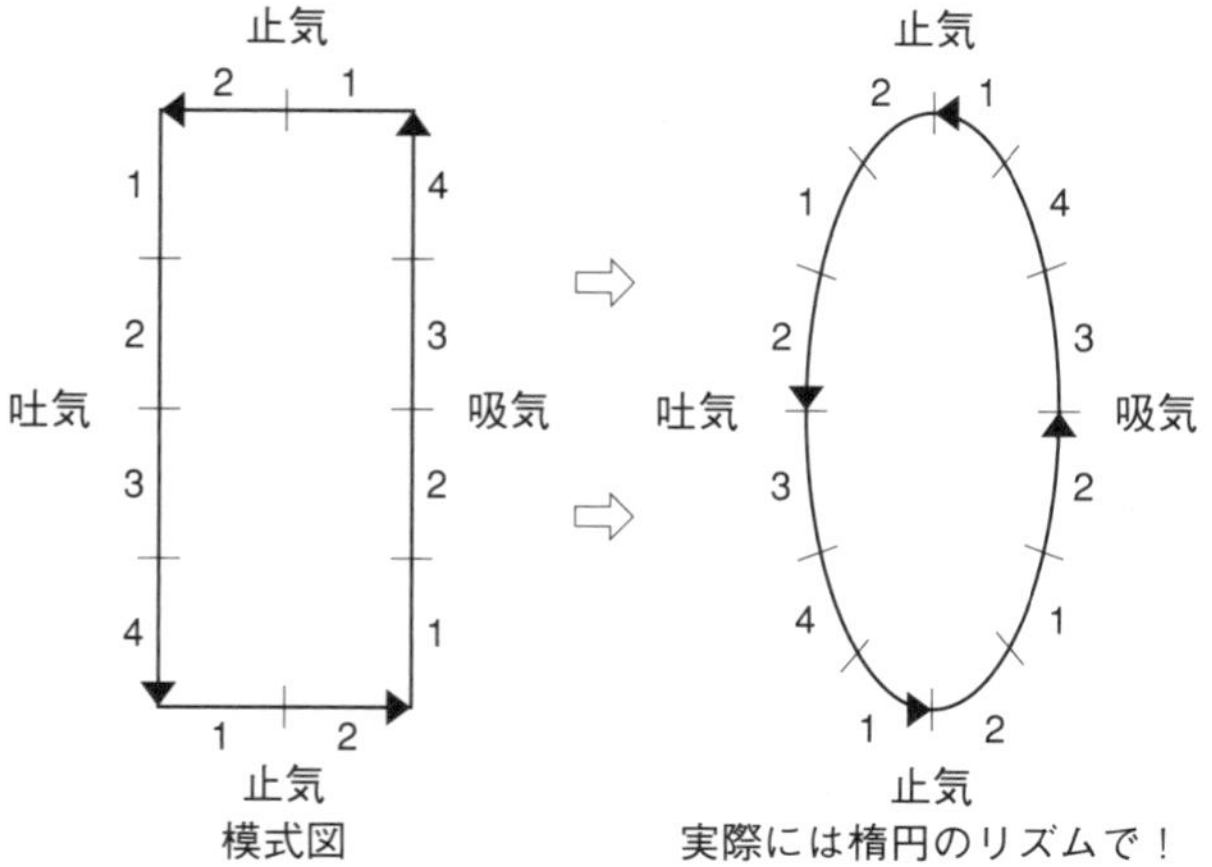

場所ではしてはいけません。

呼吸法はいつ行ってもかまいません。床や椅子に座ってしてもよいです。気分転換にもなるでしょう。

●呼吸法の極意

呼吸法は息を吐くときが大切で、完全に吐けば吸うときは勝手に入ってきます。息を吸うときは肺の底から空気を詰めていくような心がけで行います。底の部分が満たされたら次は中部、その次は上部というように。息を吐くときは上部から空気を抜いていき、次は中部、最後に底部まですっかり吐き出します。

もう一つは、吸気から吐気に、吐気から吸気に、転じる瞬間を自己観察することです。

✡周天法

周天法は、最初はほとんど効能を感じることができないかもしれませんが、しばらく続けるうちに、自分のエーテル体が、タプタプと波打ち、強烈なエネルギーが体内を駆けめぐるのを実感できるようになるはずです。

この訓練法はいつ行ってもかまいません。

幽体離脱用に仰臥した姿勢で行う方法を解説しますが、椅子に座るとか、結跏趺坐《けっかふざ》（105ページ図3－8の座り方）などで床に座った姿勢で行われることもあります。

仰臥して行う場合、弛緩の訓練と同様、すぐに寝てしまうことがあるので、床の上で練習するところから始めたほうがよいでしょう。

周天法と類似の呼吸法はいくつかあります。

仙道では小周天という、これとよく似た呼吸法があります。本書の周天法と同じような効能がありますが、これは周天法より物質レベルに近い「気」を回します。幽体離脱には本書の周天法のほうが向いているように思います。

白隠禅師が禅病にかかったときに実践し回復したという「ナンソの法」というものもあります。これは額に卵形のバターの固まりがのっていて、それがだんだん溶けて光の流れのようになって、全身をたらたらと流れていく様を視覚化する方法です。

周天法も他の方法も、みな生命力を高め自然治癒力を高めるといわれます。どの方法も光の流れをイメージして全身に行き渡らせる点は共通で、多少の作法の違いはあれ、同じようなものではないかと思います。

周天法の訓練をしないと幽体離脱ができないかというと、必ずしもそうとは言えません。

類似の訓練をこれまでにしてきた人、強健体質の人には不要かもしれません。しかしまったくこのようなものに縁がなかった人は必ず実践することをお勧めします。遠回りに思えても結局は早道です。

●視覚化とは

周天法は、頭頂、胸、足下に、三つの輝く光球を視覚化します。

「視覚化」とは心の中に感覚（五感）と感情を伴った〈幻像〉を想起することです。輝く光球をイメージしたとき、これだけでは映像を想起しただけです。さらにそこから熱が発していることも想起できます。たとえば、たき火で炎の熱を感じた経験があれば、そのときの感じを思い出し、光球のイメージに重ねれば、それが熱を放っていると視覚化したことになります。

この要領で、夜明けの太陽を見たときの光景と、そのときの感情、などをバーチャル体験するように想起することもできるでしょう。

知らないことでも視覚化できます。人には想像力があります。過去の経験の記憶を組み合わせて、新しい〈幻像〉を作り出すこともできるのです。

でもこのようなことは、誰でも多かれ少なかれ普通にやっています。あまり神経質にならず、「こんなもんかなぁ」くらいの気持ちで練習して下さい。それで充分です。

●チャクラについて

周天法で視覚化する光球の位置は、ヨガでいわれる「チャクラ」と関係があります。人間の身体に重要な複数の臓器があって、様々な役割を果たしているのと同様に、エーテル体やアストラル体にも、そのような役割を果たす中枢があると言われています。それがチャクラと呼ばれるものです。各チャクラの位置は、身体のほぼ正中線上にあり、神経叢《しんけいそう》の位置と一致していると言われています。

チャクラの数には諸説あるのですが、代表的なものは七つです。

七つのチャクラと身体上の位置を表示します。105ページ図3－8も参考にしてください。

チャクラ名	身体上の位置
サハスララ	頭頂
アジナ	眉間の奥
ヴィシュダ	喉
アナハタ	胸（心臓）

マニプラ　　　　　　腹
スヴァディスターナ　性器
ムラダーラ　　　　　尾てい骨

周天法で体感的にチャクラの存在をつかむのは、難しくはありません。しかし、各チャクラがどのような機能を持ち、心身にどのような影響を与えているかを秩序づけようとするチャクラ論は、多様な解釈が存在しており、混乱の極みだと筆者は思います。

様々なチャクラ論を知ったところで、本人の中でチャクラの実感がつかめないなら無意味です。経絡の位置を頭で覚えても、的確にその経絡を指圧できないのであれば、その知識はなんの役にも立たないのと同じです。なので本書では深くは触れないことにします。

本書の周天法では、サハスララ、アナハタ、ムラダーラの三つを使います。七つすべてを使うバージョンもあるのですが、実際問題として効能に差はありません。

サハスララは人間界を超えた、高次元からのエネルギーが流入する中枢です。ムラダーラは大地からのエネルギーが流入します。アナハタは双方のエネルギーが合流する場です。

ちょっと気になるのがムラダーラチャクラです。周天法を床に座って行う場合は、ムラダーラのある尾てい骨の位置より少し下方に光球を視覚化するのですが、横たわって行うときは、光球を足下に作ります。ボディビルなら、「この運動は上腕二頭筋を鍛える」とか、正確に身体部位に注意を向けるかもしれませんが、霊トレはかなりおおざっぱです（笑）。

周天法で作る光球は、チャクラそのものではなく、チャクラの位置をおおまかに意識するためのシンボルです。チャクラの位置を正確につかんで、そこに集中する方法もあるのですが、初心者には難しく、いろいろと問題を引き起こすことがあるので、本書ではその方法は使いません。

●ステップ1……頭頂と胸と足下に輝く光球を視覚化する

図3－4をご覧ください。

①シャバ・アーサナで横たわり、弛緩と、呼吸法を数回行いリラックスする。

②頭頂から約五センチ離れた位置に、直径十センチ弱の白色のフレアを放つ光球を視覚化する。光球が熱と振動を放っていることを十分に感じられるまで続ける。

③足下から約五センチ離れた位置に、同様に光球を視覚化する。

④胸の中に同様に光球を視覚化する。

一つ光球を作ったら、その中に自分自身が入り込み、その中に住んでいるように感じて下さい。そして光球が熱を帯び振動していることを感じ取ろうとして下さい。自己暗示のようなものに感じるかもしれませんが、実感できさえすれば自己暗示でもなんでもよいのです。

各光球に一つずつ注意力を集めて、その存在をつかんで下さい。最初は漠然としていますが数日続ければ、だんだん明確になります。

●ステップ2……体の中央の軸にそって「気」を上下させる

引き続き図3－4をご覧ください。

光球からエネルギーを引き出して、身体の中を回流させます。図中の矢印は光の帯の軌道を示しているだけで、実際にはもっと幅が広く厚みのある、輝く光の滝のようなものを視覚化します。

このときエネルギーを背骨に直接通すのは少々危険なので、背骨の軸より少し前方を流

図3-4　周天法

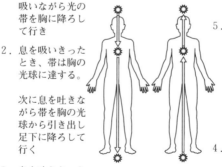

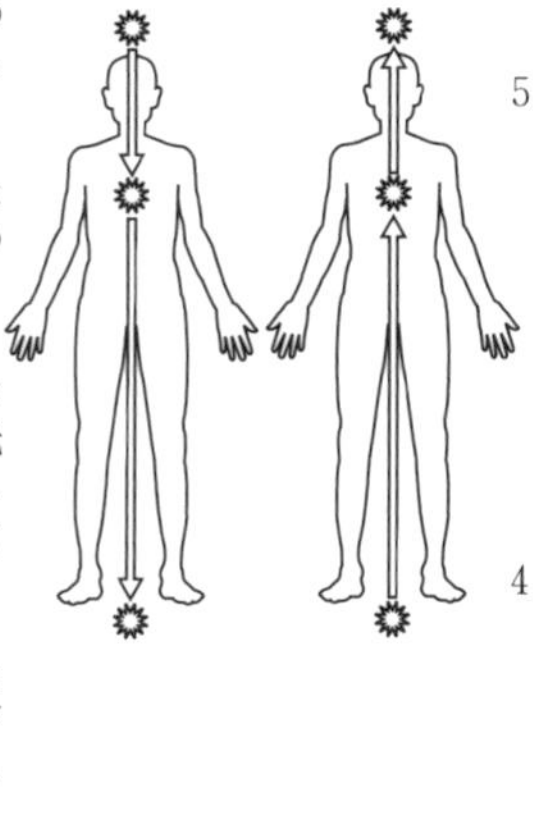

1．頭頂の光球に意識を向け、息を吸いながら光の帯を胸に降ろして行き
2．息を吸いきったとき、帯は胸の光球に達する。
次に息を吐きながら帯を胸の光球から引き出し足下に降ろして行く
3．息を吐ききったとき、帯は足下の光球に達する
4．足下の光球に意識を向け、息を吸いながら光の帯を胸に上げて行き
息を吸いきったとき、帯は胸の光球に達する。
5．次に息を吐きながら帯を胸の光球から引き出し頭頂に上げて行く
6．息を吐ききったとき、帯は頭頂の光球に達する

すようにします。背骨には集中しないで下さい。

最初はこの方法だけを練習します。十分に慣れてきたら次のステップに進みます。

①シャバ・アーサナで横たわり、弛緩と、呼吸法を数回行いリラックスする。

②目を閉じて頭頂と胸と足下に輝く白色の光球を視覚化し、その光球が熱と振動を発しているのを感じ取る。

③頭頂の光球に注意を向け、息を吸いながら、光球から光の帯を引き出し胸まで降ろす。胸にはエネルギーが満ちる。

④息を吐きながら、胸にたまったエネルギーを足下の光球に向けて流す。吐ききると同時に、帯は足下の光球に消えて行く。

⑤足下の光球に注意を向け、息を吸いながら、光球から光の帯を引き出し胸まで上げる。胸にはエネルギーが満ちる。

⑥息を吐きながら胸の光球から、光の帯を引き出し頭頂の光球に向けて上げる。吐ききると同時に、帯は頭頂の光球に消えていく。

⑦続けて③からくり返す。

くり返す回数は数回くらいから。それ以上はお好みで。最初はあまりやりすぎないほうがよいでしょう。

呼吸はできるだけ深い呼吸がよいですが、それは回を重ねることで深まっていくものなので、無理のない範囲でくり返します。

以降のステップでも同様に、エネルギーをくり返し回流させますが、くり返す回数はステップ2と同じにします。あるいは、それにかける時間を同じにします。けれどそんなに神経質になる必要はありません。

●ステップ3……体の前後にそって「気」を回流させる

図3－5をご覧ください。

①頭頂の光球に意識を向け、息を吸い込む。

②息を吐くと同時に頭頂の光球から光の帯を引き出し、体の前面を通して降ろす。息を吐ききると同時に、光の流れは足下の

図3-5　体の前後にそって「気」を回流させる

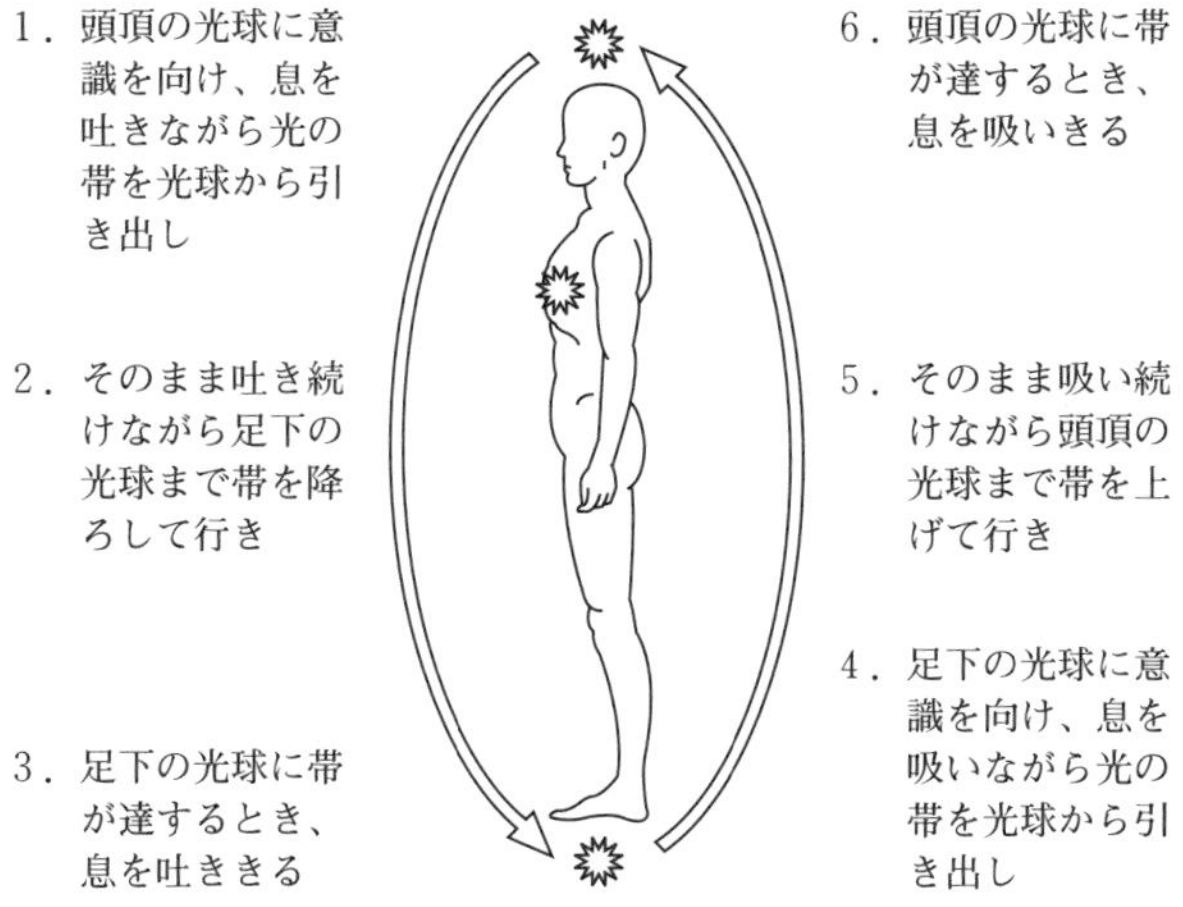

1．頭頂の光球に意識を向け、息を吐きながら光の帯を光球から引き出し
2．そのまま吐き続けながら足下の光球まで帯を降ろして行き
3．足下の光球に帯が達するとき、息を吐ききる
4．足下の光球に意識を向け、息を吸いながら光の帯を光球から引き出し
5．そのまま吸い続けながら頭頂の光球まで帯を上げて行き
6．頭頂の光球に帯が達するとき、息を吸いきる

光球に消える。

③息を吸うと同時に足下の光球から光の帯を引き出し、体の背面を通して上げる。息を吸いきると同時に、光の流れは頭頂の光球に消える。

④続けて②からくり返す。

●ステップ4……体の側面にそって「気」を回流させる

図3－6をご覧ください。

①頭頂の光球に注意を向け、息を吸い込む。

②息を吐くと同時に頭頂の光球から光の帯を引き出し、左肩側面にそって流す。息を吐ききると同時に光の帯は足下の光球に消える。

③息を吸うと同時に足下の光球から光の帯を

図3-6　体の側面にそって「気」を回流させる

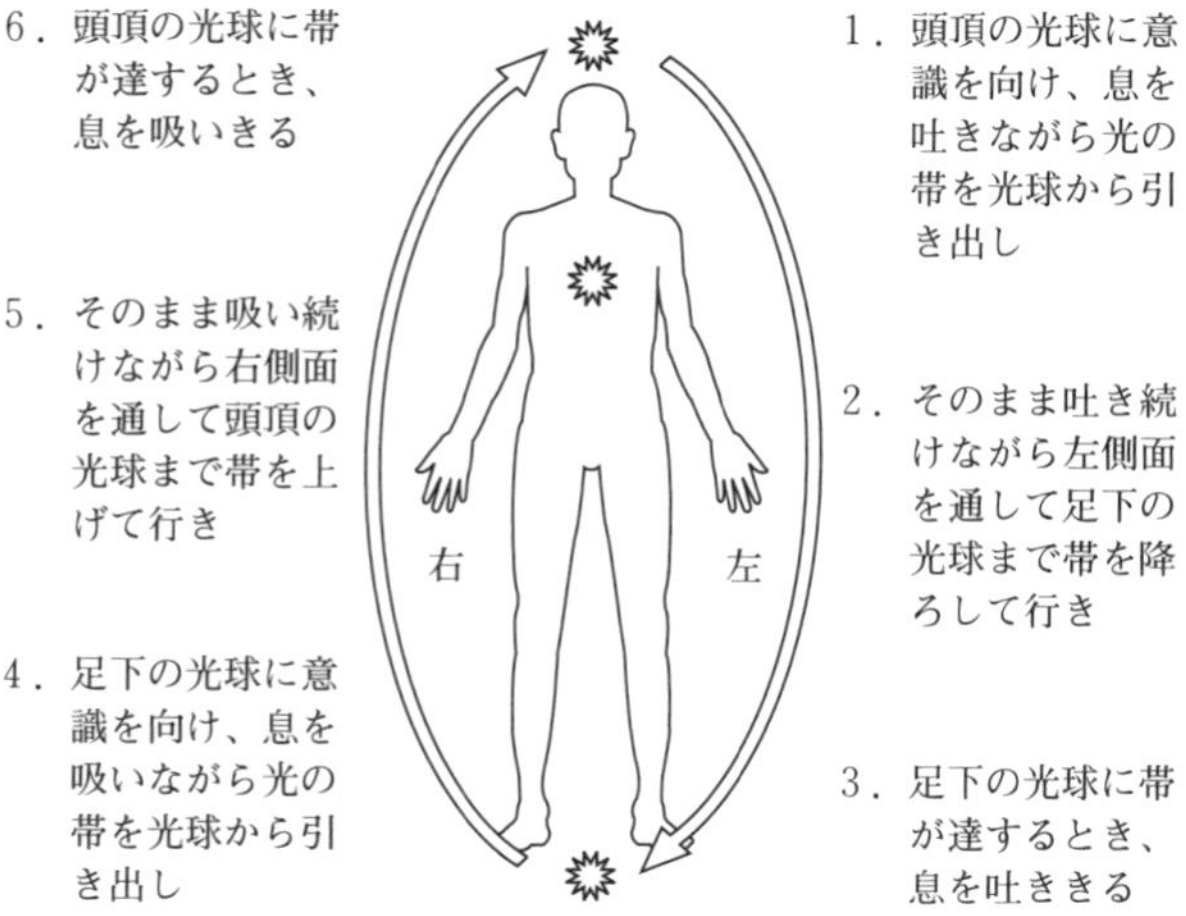

1．頭頂の光球に意識を向け、息を吐きながら光の帯を光球から引き出し
2．そのまま吐き続けながら左側面を通して足下の光球まで帯を降ろして行き
3．足下の光球に帯が達するとき、息を吐ききる
4．足下の光球に意識を向け、息を吸いながら光の帯を光球から引き出し
5．そのまま吸い続けながら右側面を通して頭頂の光球まで帯を上げて行き
6．頭頂の光球に帯が達するとき、息を吸いきる
右
左

引き出し、右肩側面にそって流す。
息を吸いきると同時に光の帯は頭頂の光球に消える。
④続けて②から繰り返す。

●ステップ5……体の周囲に螺旋状に「気」を回流させる

図3－7をご覧ください。
①頭頂の光球に注意を向け、息を吸いこむ。
②息を吐きながら、頭頂の光球から光の帯を引き出し、反時計回りに光の帯を体に巻きつけながら下降させる。息を吐ききったときに帯は足下の光球に消える。
③息を吸いながら、足下の光球から光の帯を引き出し、**同様に反時計回り**に光の帯を体に巻きつけながら上昇させる。息を吸いき

図3-7　体の周囲に螺旋状に「気」を回流させる

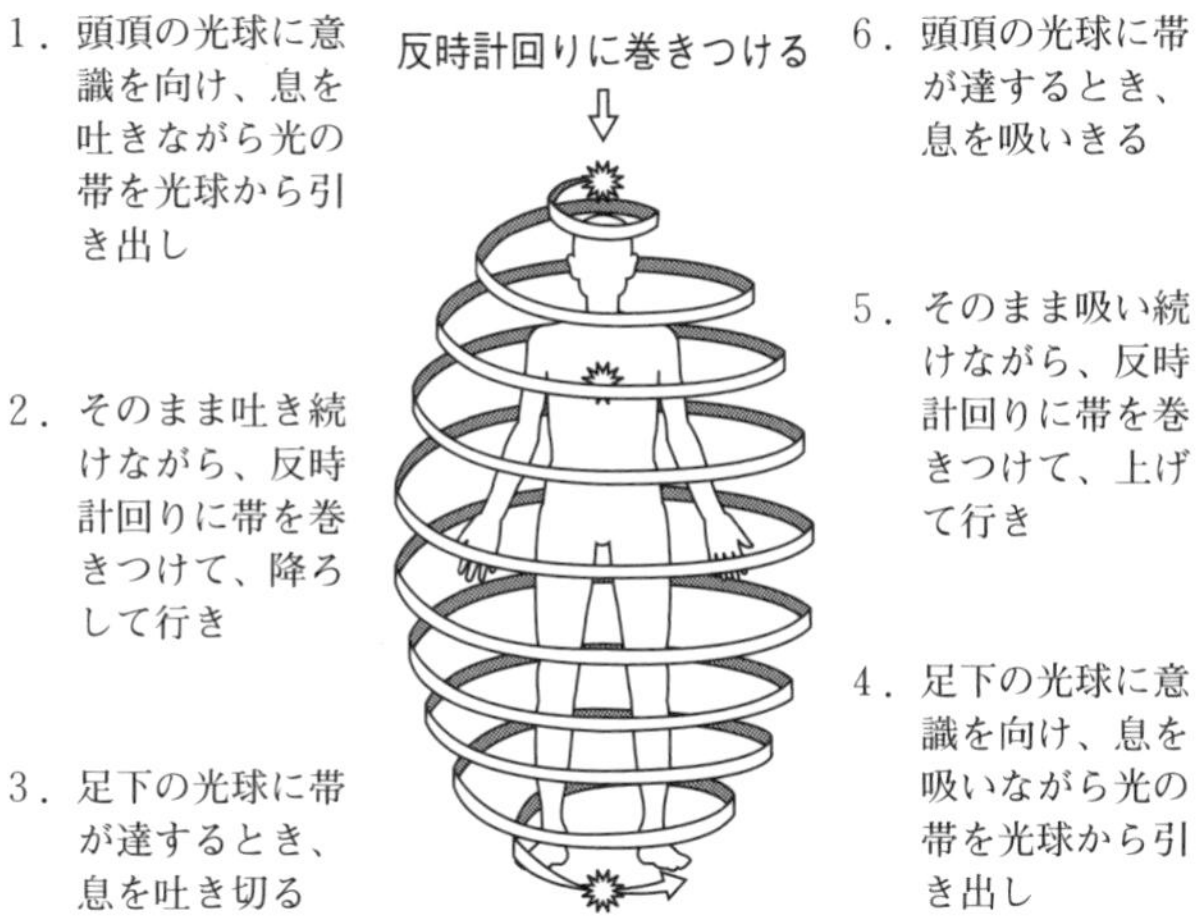
1．頭頂の光球に意識を向け、息を吐きながら光の帯を光球から引き出し
2．そのまま吐き続けながら、反時計回りに帯を巻きつけて、降ろして行き
3．足下の光球に帯が達するとき、息を吐き切る
反時計回りに巻きつける
6．頭頂の光球に帯が達するとき、息を吸いきる
5．そのまま吸い続けながら、反時計回りに帯を巻きつけて、上げて行き
4．足下の光球に意識を向け、息を吸いながら光の帯を光球から引き出し

るときに帯は頭頂の光球に消える。
④続けて②から繰り返す。
図では何回も巻きつけていますが、三～五回くらいでよいでしょう。

●周天法の極意

最初は意識的に呼吸法を行います。身体がそれになじんだら呼吸法はやめ、自然呼吸に切り替え、呼吸法のことは忘れます。この時点で呼吸は深くゆっくりしたものになっているでしょう。視覚化で光の帯を回流させるとき、自然な呼吸に同期させて光を回流させます。

舌は、上あごにくっつけます。舌の先は上前歯の裏につけます。

眠りに落ちそうなギリギリの状態で続けていると、ドカーンとエネルギーが入ってきます。

✡光体法

●光体と〈自己の星〉

光体は視覚化でこしらえる自分の等身大人形で、幽体離脱を引き起こすための道具です。

図3-8　あなたは「自分」をどの場所に感じていますか？

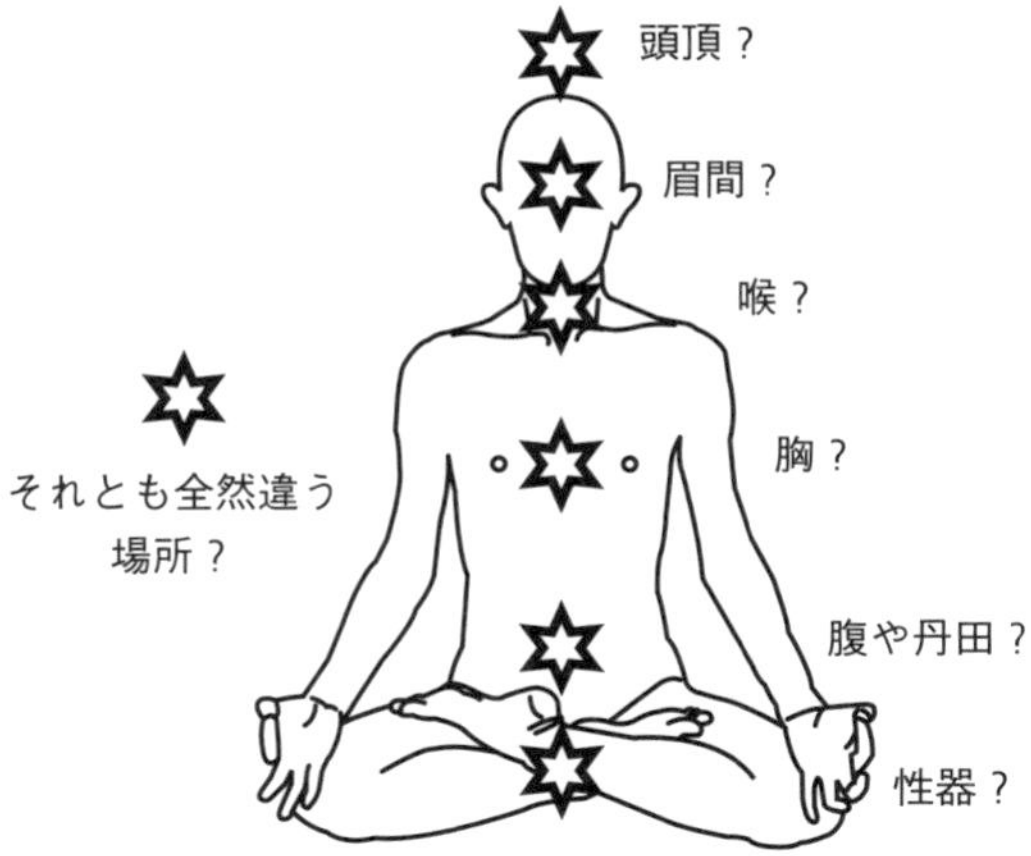

肉体から抜け出す幽体を事前に視覚化で作ってやるのです。ただし、これは実際に離脱する幽体そのものではありません。

光体を精密に視覚化できたら、そこに乗り移るプロセスに入ります。それは「自分」がいる場所を、肉体から光体側に移動させることです。この「自分」を感じる位置を〈自己の星〉と言います。星と表現すると、どこか一点にそれが存在していなければならないように思うかもしれませんが、ある程度の広がりをもった場だと考えてもよいです。

「私」という言葉を発するとき、その実体はどこにいるでしょうか（図3－8）。今まで見てきたところ、男性は頭や眉間の奥に、女性は胸で「私」を感じている人が多かったです。しかし女性でも頭にいる人もいれば、男性でも胸にいる人はいます。素直に「よくわからない」と答えた人もいました。

このように考えてみてもよいと思います。たとえば腕や足がなくなってしまったとします。しかしそれでも「私」は生きていると感じるでしょう。ということは「私」は手や足にはいなかったのです。頭か胴体のどこかにいるでしょう。基本的には、体の正中線上（中心線上）のどこかにいるはずです。また皮膚の内側の空間にいると感じるはずです。

場であっても点であってもよいですが、その場所をまずはっきりさせて下さい。目を閉じて心の中で、あるいは声に出して「私」という言葉を何度も発してみるのもよい方法です。

実はこの〈自己の星〉は、一時的に少しくらいなら場所を移動させることができるのです。光体の中に〈自己の星〉を移動させてから眠りに入ると、自動的に幽体離脱が起きます。

●光体を作る

基本は自分と、うり二つの姿を使います。

光体の服装はどちらかというと普段の格好より、非日常的なハデな格好のほうがよいです。素っ裸のイメージよりも、なにか特徴的な服装をしているとか、装飾品を身につけているとか、記号があったほうが視覚化しやすいでしょう。

図3-9　光体を1～2メートル上空に視覚化する

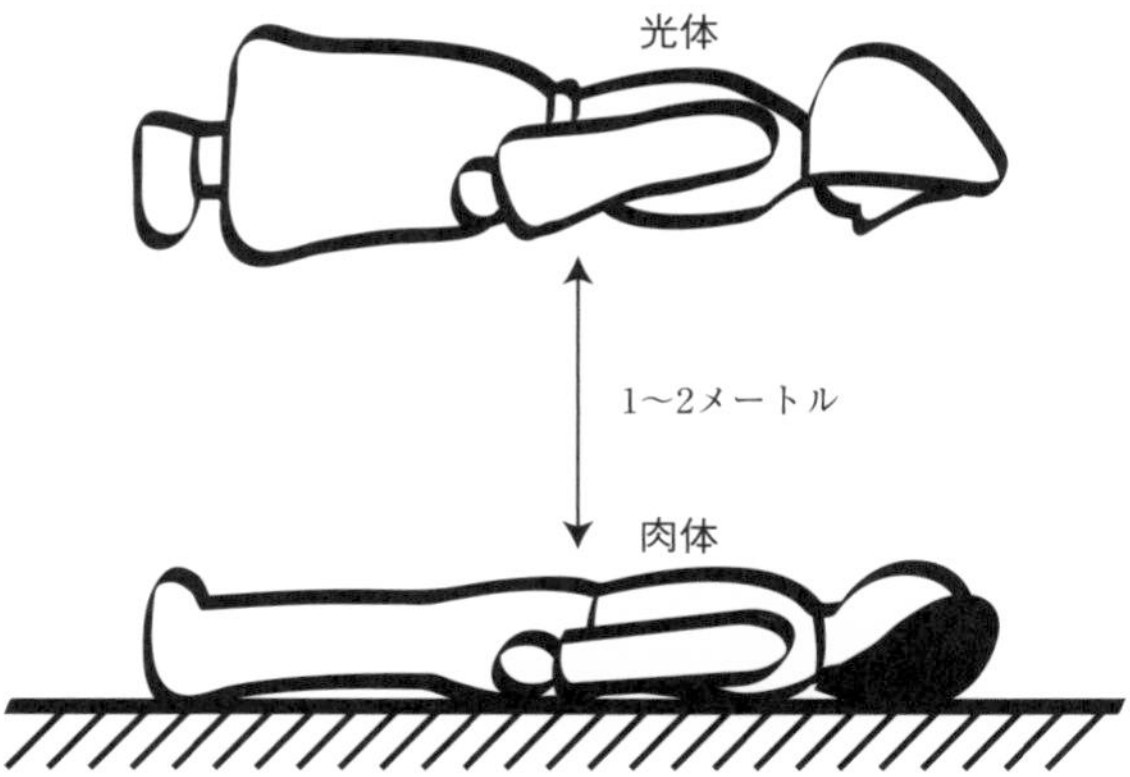

この練習は夜眠る前、および幽体離脱する前に行います。寝床に横たわり、リラックスしたら、目を閉じて光体の視覚化をします。これはいつ練習してもかまいません。ただしこの練習だけでは幽体離脱は起きません。

光体は立体物として視覚化します。光体は自分と向き合って宙に浮いています（図3-9）。肉体から約一～二メートルくらい上空に視覚化します。微に入り細に入りできるだけ精密に、あたかもそこにそれがあるかのように視覚化します。

光体の手足やそれがまとっている服装の質感など、心の視野の中で全身の各場所に視点を移しながら、像がぼやけているところを見つけてそこを補完してやります。自分の顔は視覚化しにくい傾向がありますが、それはあまり気にしなくてもよいです。視覚化しやすいようにお面でもかぶせておきましょう。

最初は自分と向き合った姿で作りますが、ひっくり返して背面のイメージも固めましょう。光体を肉体のほうに接近させたり遠ざけたり様々なポーズを取らせてみましょう。

次に周天法で光体にエネルギーをチャージします。

これは周天法のステップ3の応用で、基本のやり方はまったく同じです。

図3－10の要領で、周天法で引き出したエネルギーを光体に注ぎます。数回から、それ以上行います。ちょっと多めにやったほうがよいです。

図3-10　エネルギーを光体に注ぐ

1．息を吐きながら光の帯を光体の頭から中を通しその流れは光体の足から抜け肉体の足下の光球に戻す

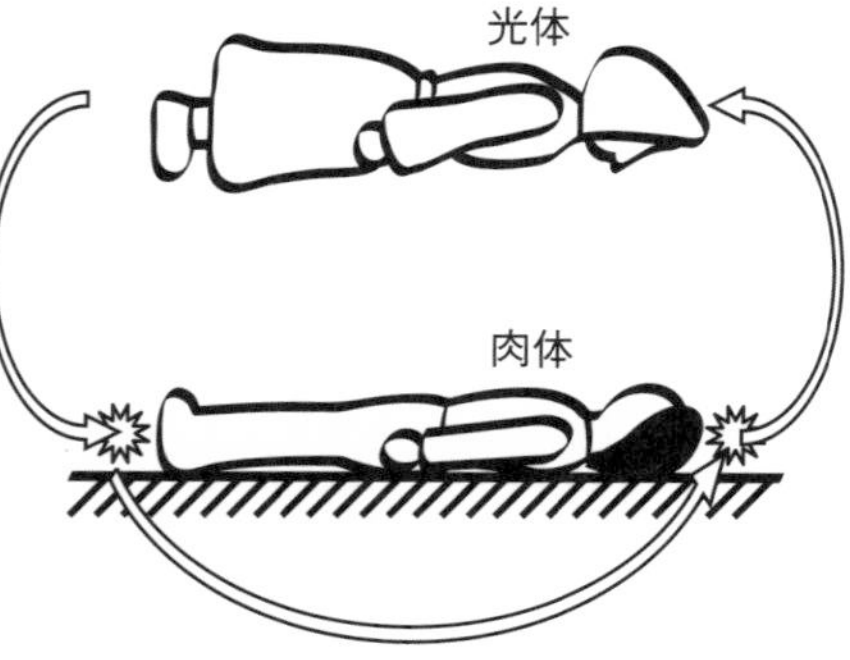

2．足下の光球に意識を向け息を吸いながら、光の帯を背面を通して頭頂に戻す

最初はおぼろげなイメージしか視覚化することができなくても、数日反復すれば、ずっとリアルになるはずです。

幽体離脱するときは、このまま次のステップに移りますが、そうでないときはここで終わりにします。

●光体に乗り移る

さて、いよいよ幽体離脱を試みる段階にまでやってきました。仰向けに横たわり全身の力を抜いてリラックスし、光体をありありと視覚化し、周天法でエネルギーをチャージできていることが前提です。

光体に乗り移るところは、本書の体脱メソッドの中で一番難しくまた重要なところですが、これまでの基礎訓練がしっかりできていればうまくいくはずです。またこのとき、眠気を催している必要があります。ぜんぜん眠くないときにやってもうまくいきません。

これは光体に自分自身を移動させる儀式です。少し時間をかけて行うほうが、効果が高いので、数分から十分くらいかけて行います。

まず〈自己の星〉の位置を、胸や頭から足のほうに移動させます（図3－11）。足下の位置に自分がいるつもりになって下さい。あまり実感がつかめない場合は、肉体で横たわっている自分が、床に対して水平に一八〇度回転して、頭と足の位置が入れ替わったとイメージするとよいです。「私」は今、足下の光球の中にいます。

すぐに肉体感覚が優勢になって、また元の位置に戻るかもしれませんが、何度も反復して〈自己の星〉を足の下に保持します。弛緩法と周天法に習熟していれば、しばらくは保持できるはずです。

その状態で地球の中心から大地の「気」のエネルギーを引っ張りあげるようなつもりで大きく息を吸い込み、息を吐くときは、足下の光球から光の帯が出て光体の足から流れ込んでいくように視覚化し、その流れに乗って自分自身も光体の中に入り込んで行きます。

図3-11　光体に乗り移る

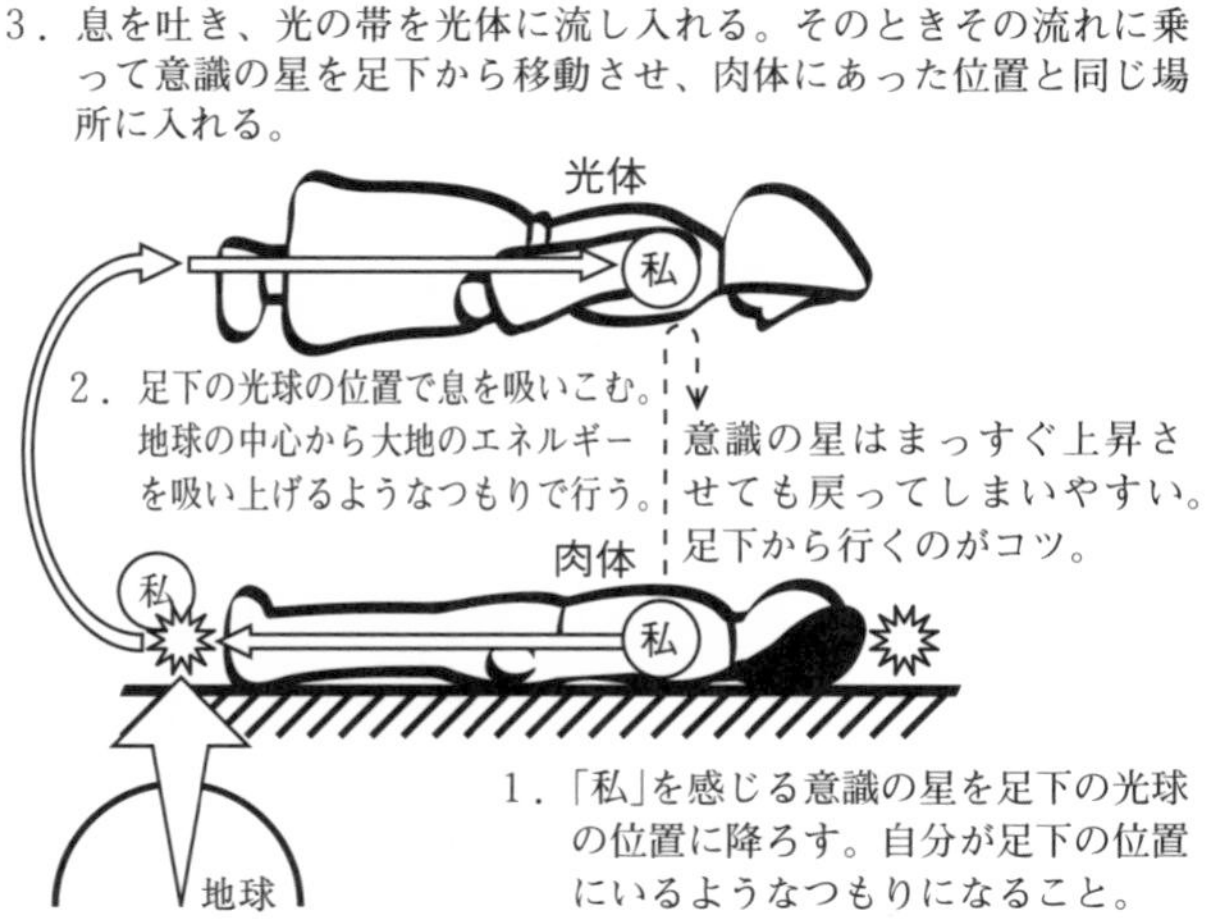

3．息を吐き、光の帯を光体に流し入れる。そのときその流れに乗って意識の星を足下から移動させ、肉体にあった位置と同じ場所に入れる。
光体
私
2．足下の光球の位置で息を吸いこむ。地球の中心から大地のエネルギーを吸い上げるようなつもりで行う。
意識の星はまっすぐ上昇させても戻ってしまいやすい。足下から行くのがコツ。
肉体
私
私
地球
1．「私」を感じる意識の星を足下の光球の位置に降ろす。自分が足下の位置にいるようなつもりになること。

眉間に〈自己の星〉があった人は光体の眉間に移します。胸にそれがあった人は胸に、胸や頭以外にある人は、光体の同じ位置に移します。

なぜわざわざ足のほうから行くかというと、〈自己の星〉が元の場所に戻りにくいからです。いきなりまっすぐに上昇させて光体の中に入っても、すぐに戻ってしまいます。

光体に移動したら、そこで光体の四肢と五感を感じるように意図します。光体の目で自分の肉体を見下ろし、光体の腕や足を動かしてみるなど、ありありと視覚化します。最初はすぐに肉体のほうに〈自己の星〉が戻ってしまうかもしれませんが、くり返し、できるだけ長く光体の中に〈自己の星〉をとどめるように練習します。

この儀式は幽体離脱したときの様子を、事前にありありと視覚化しながら演じ、〈自己の星〉を肉体の中から、少し離れた場所に移動させる練習です。これを行っているうちに、突然離脱が起きるわけではありません。この儀式が効果を発揮するのは、儀式が終わった後からです。

これ以降、手足を動かしたり姿勢を変えたりしてはいけません。視界も真っ黒か、まぶたの裏に、かすかに光を感じるといった状況。そのまま指一本動かさないようにして、できるだけすみやかに眠ります。あれこれ夢想したり、成功を期待してワクワクしたりしないこと。

儀式が成功すれば、眠りに落ちる直前に幽体離脱が起きます。

●幽体離脱が起きる瞬間

こうして安静を保っていると、突然、浮力のようなものが生じて、幽体が分離します。この前兆として耳鳴りが始まり、徐々に音程が高くなっていくのを聴くかもしれません。なにか変化があったからといって、恐怖心を抱いたりワクワク期待したりしないこと。それから入眠時幻覚のような鮮やかなヴィジョンが見えることがあります。時には恐ろしいヴィジョンを見たり、何者かの声を聞いたりすることもあるかもしれませんが、これは心理的な防衛機構の働きなのでアラームは無視します（笑）。恐怖心は最大の敵です。離脱するためにここまで来たのだから、どんな邪魔が入ろうと無視して初志貫徹します。なにが起きようと平静を保ち、ブレーキをかけてはなりません。

耳鳴りが大きくなり、初めての人には尋常ならない甲高さに聞こえるでしょう。また心臓が激しく鼓動を打つこともあります。

初心者の場合は金縛りが起きるかもしれません。弛緩が充分にできていないとそうなります。しかし焦ったり身体を動かそうとしたりしてはいけません。硬直するにまかせ力を抜き硬直に抵抗しないようにします。長くても一分程度で硬直は消えます。やがて耳鳴りがすっと消えます。

そして勢いよく肉体から幽体の自分が分離します。肉体の中から外に移動しておいた〈自己の星〉に引っ張られるように、アストラル体は肉体から離れるでしょう（図3－12）。

あるいは手や足だけが肉体から外れて、水の中にいるようにふわふわ動くかもしれません。これは〈自己の星〉が肉体から充分に離れていなかったと考えられます。

足や手だけが分離した場合、その分離した手や足を使って、寝返りを打つようにします。そうすれば幽体が肉体から転がり出て完全に分離します。肉体から四肢の感覚がすべて剥離した状態になっていれば、ですが。弛緩が充分ではないと、うまく外せないかもしれません。

離脱の瞬間は、初めての人には、かなり恐ろしいものに感じるかもしれません。精神的にも肉体的にも尋常ではないことが起きる地点なので。自分の感情をなだめ、びくびくしたりせずに平静を保つようにしましょう。

筆者も何度もこの地点で引き返したことがあります。しかし恐怖心もそのうちに慣れがやってきて、ある日、跳躍できる時が訪れます。幽体離脱は何度か経験すれば、当たり前のことになります。金縛りや激しい動悸も消えていきます。

図3-12　幽体離脱が起きる瞬間

1．目覚めている状態のとき、肉体は幽体をつかんで離さない。眠りに入ると肉体は幽体を手放すが、通常、「私」を感じる〈自己の星〉は体内にあるので分離は生じない。

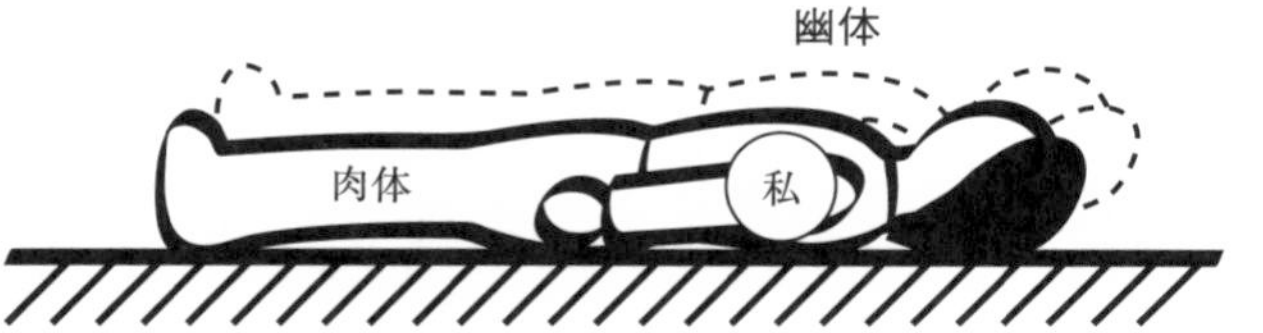

2．しかし＜自己の星＞を肉体から離した場所に移動させておくと、睡眠突入の際、その引力に引っ張られ、幽体が肉体から離れ、外にある＜自己の星＞と合体する。

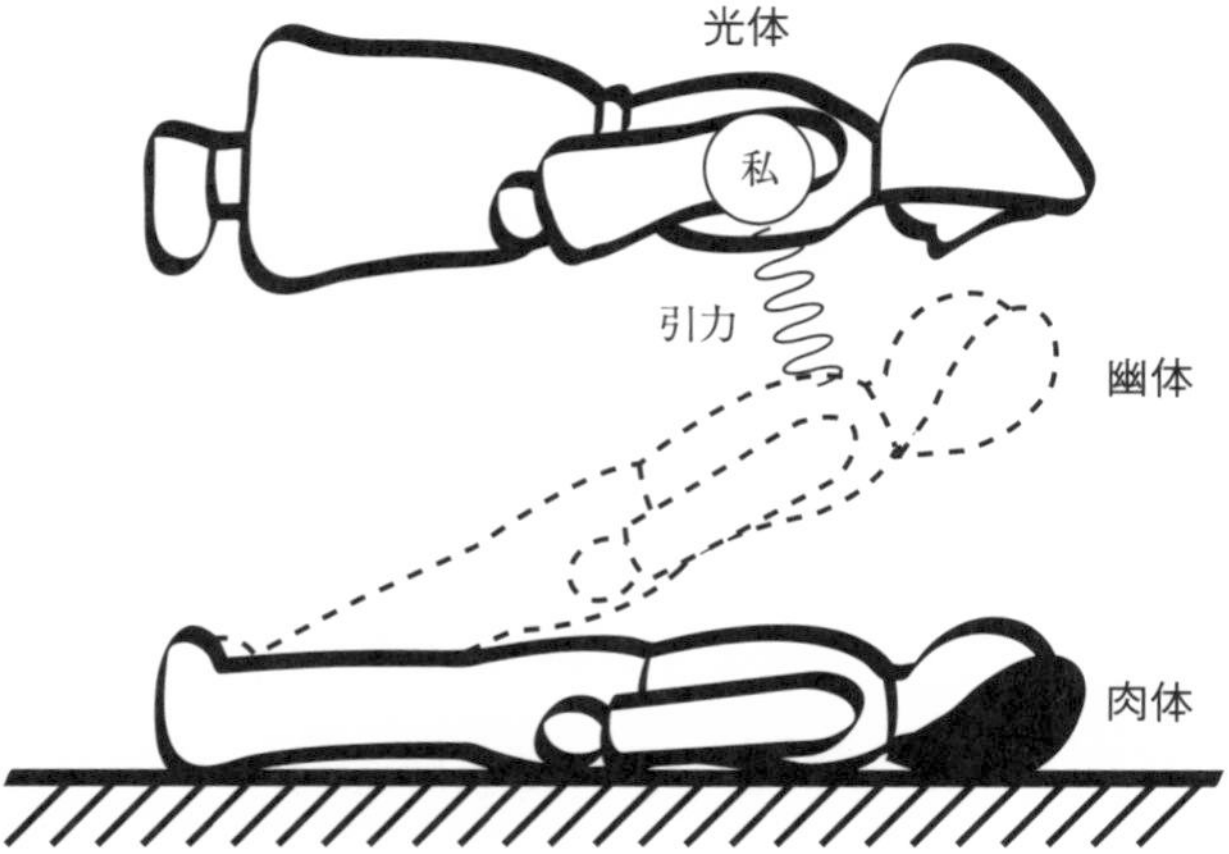

●離脱した直後になすべきこと

離脱直後は視力が働かないことが多いです。幽体は動くので歩いたり物に触れることはできるのですが、通常、視力は一番後に働き始めます。五感の剥離の順番として最後なのです。**あせってまぶたを開いてはいけません。**肉体側の目が開いてしまい、目が覚めてしまいます。

分離が起きたらあれこれ考えたり躊躇したりせず、一目散に肉体から遠ざかります。もはや「距離」など、あまり意味をなさない世界にいるのですが、十メートル以上は離れましょう。部屋のドアから出ていくか、窓を開けて表に飛び出します。

つまり幽体であっても、ドアを開けるとかの操作がいるわけです。慣れたら壁抜けの術も使えるかもしれませんが、そんなことは後回しでよいことです。離脱したら、自分の肉体や部屋の様子を見たくなるかもしれませんが、それも後の話です。

まずは肉体から遠ざかること。しばらく持ちこたえることができたら安定して、すぐには肉体に戻らなくなります。このあたりから視力は働き始めるでしょう。真っ暗闇の中から光が現れてきます。

肉体と幽体の間はゴム紐でつながれているように引力が働くでしょう。時にはこの力が強すぎて、なにか柱にでもつかまらないと肉体に引き戻されてしまうほどです。あまりに引力が強い場合は「死んでも戻りたくない」と強く念じて下さい。引っ張る力は急速に衰えます。そのようなわけで「生への執着」が、肉体に引っ張り戻そうとする力を生み出しているように筆者は思っています。

視力が働き始めたらまず落ち着くことです。そして自分の両手の手のひらを見ます。これは肉体側の意図を幽体側の世界に持ち込む儀式で、非常に重要です。

多くの場合、自分の部屋や、住んでいる町に出るでしょう。しかしその光景は、物質界のそれらとそっくりであっても異界です。

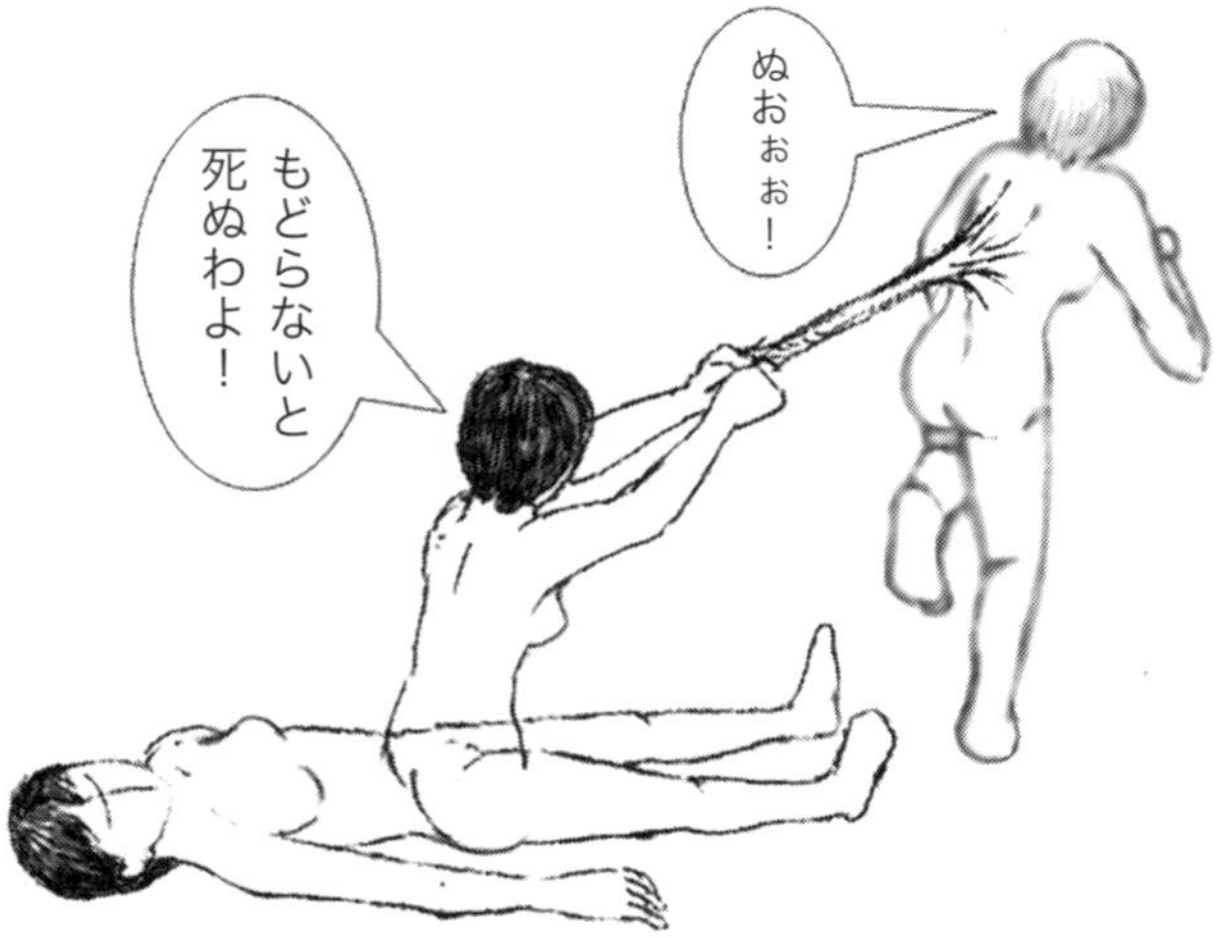

一般的に言ってアストラル界に留まっていられるのは短時間です。長時間の離脱の鍵は十分に弛緩ができることと、その世界での意識の統御法にかかっています。これは時間をかけて練習していけば解決できるでしょう。

アストラル界にようこそ！

●幽体離脱から帰還し記録を取る

肉体から出ることは難しいですが、戻るのはとても簡単です。「肉体に戻りたい」とさえ思えば、即座に戻ることができます。アストラル界でいろいろなことをしてみようと思っても、思いどおりにいかないことが多いものですが、肉体に戻ることだけは、ほぼ確実にできます。

ただし帰還はできるだけゆっくり行ったほうがよいでしょう。急速に戻るとアストラル界での記憶が壊れやすいのです。できればもとの部屋まで戻ってきて、横たわる肉体と合体するのが理想です。**肉体感覚が蘇ってきたら、そのまま動かずじっとしていること。いきなり動くと離脱中の記憶が壊れます。特に頭を動かすとだめです。**

肉体を動かさずに、離脱中に経験した記憶を思い出し整理します。できるだけ言語化しましょう。このとき、言語化が難しい経験をいろいろとしていたことに気づくでしょう。

帰還したとき身体的に極度の睡眠不足のような疲労感・眠気が残っている場合もあります

が、ここで寝てしまうと、せっかくの記憶が台無しです。意志を振り絞って覚醒して下さい。両手の指を力一杯開いて、指先に神経を集中し、再び強く握りしめるとよいでしょう。

十分に意識が醒めたなら、すぐに経験した内容をノートに記録します。そうしないと記憶はすぐに風化します。どんなものを見たか。どんな場所にいたか。どんな会話をしたか。断片的でもよいのですばやく記録を取って下さい。それが残っていれば、あとから芋づる式に記憶を引き出せるものです。体脱した日時も忘れずに書いておきましょう。

すべてが終わったらお茶を飲むとか食事をとるとよいでしょう。胃に食べ物を入れると意識は完全に接地します。

●心身に不調を来したときは

あまりにもひんぱんに体脱をくり返していると、免疫力が低下するのか風邪を引きやすくなったり、慢性的な立ちくらみや目眩といった症状が出てくることが筆者にはありました。これは体力によるところも大きいと思われます。強健体質の人は耐性があり、虚弱体質なら早くにこの症状が起きると思います。

この症状を治すのは簡単で、幽体離脱することを控え、スポーツや散歩など腰を使う運動をして、よく休息をとれば治ります。太陽の光に当たるのが効果的です。

精神面にも注意を向けましょう。情緒的に不安定になったり、感情過敏になり怒りやすくなったりすることもあるように思えます。**周囲の人々の感情や空気に過敏になりすぎてしまうのです**。肉体と幽体の結着がゆるみっぱなしになると、離脱はしやすくなるのですが、精神面は不安定になるようです。人間の精神はしっかり肉体に収まって、目覚めている状態が一番安定しているものです。

幽体離脱に夢中になる時期も過程としては重要だと思うのですが、それは物質世界軽視の姿勢ともいえます。部屋の中、きちんと片づいていますか。日常生活がおざなりになっていませんか。そういう兆候に気づいたら、しばらく休息を取り回復を待ちましょう。

月のリズムを味方につけよう

月の満ち欠けは、エーテル体に影響を与えます。たとえば髪や爪がよく伸びるのは、月が満ちていくサイクルのときです。だから散髪は月が欠けていくサイクルのときに行くのがよいなどといわれます。髪の成長が遅く、ヘアスタイルが長持ちするからです。

珊瑚の産卵は満月の夜、満月の夜は犯罪が多いなど、その手の話は今さらくり返すまでもなく、地上の生命体は月の影響力を受けており、人間もまたその力に支配されています。

満月の夜と新月の夜に、町を散歩して町に流れている雰囲気や人々の様子を観察してみれば、その違いにすぐに気づくでしょう。月齢は肉体だけではなく、人々の精神にも影響を及ぼしているのです。

エーテル体は象徴的には植物で、人間の生命体としての成長を司っており、月は生命体の活力に影響を与えています。身体が元気なときは、感情も思考も活発に動くし、逆もまた然りです。ただし月の力は、人間の自我にとって、そんなに大きな影響力はもっていません。無意識の底で上下している波の動きのようなもので、感情や思考の活動に、周期的にバイアスをかける程度です。だから自分の心の動きに注意を向けて、長く観察しなければ、その影響力を自覚することは難しいかもしれません。しかし、それに無自覚である間は、月のリズムに支配されます。自覚できれば、その波に乗り、物事をスムースに運ぶことができます。

筆者がこのリズムに気づいたのは、コンピュータのプログラミングをしているときでした。有能なプログラマーは、プログラミングの作業に波があることを知っており、うまくいかないときは寝ていたりゲームで遊んでいたりします。波がやってくると、「キタキタキター!!」と、ガシガシと書き始めます。それは経験的体感的に感知しているのですが、筆者は長年、自己観察しているうちに、それが月の満ち欠けと同期していることに気づきました。一番実際的な作業がはかどるのは、満月を過ぎて欠けていくサイクルです。

月の影響力はそんなには大きくないので月のリズムを無視することもできます。しかしそのときは向かい風に抵抗してオールで船をこぐようなことになります。体力も時間も消耗します。追い風に乗れば、風の力も利用できるのに。

月のリズムは、植物の成長プロセスで考えるとよいです。春夏秋冬の四季の巡りとも見なせます。新月は春、上弦の月は夏、満月は秋、下弦の月は冬です。春に芽を出した植物が、夏には繁茂し、秋には実り、冬は枯れてタネを大地に戻します。

月がエーテル体に与える力は、新月が最低、満月が最大です。新月からその力は増してゆき、満月を過ぎると逆に減衰していきます。

月のリズムは、プログラミングに限らず、幽体離脱の訓練、著述活動、創作活動、多くのことに応用できます。植物の成長プロセスをひな形に、応用の仕方を考えて下さい。

四季の移り変わりには揺らぎがあるように、月のリズムにも揺らぎがあります。新月と満月の日を除き、二日程度のずれは誤差内です。アバウトに使うのがコツです。

月のリズムに応じた、行動指針を表示します。

●新月から上弦の月まで……種まきサイクル

新月の日は、感情の動きは少なくなる。先を急がず停止して休息する。あれこれ考えずオープンマインドでボーッとしている。

今後の一カ月（次の新月まで）で取り組むテーマを探し、新しいことの最初の一歩を踏み出してみる。決めたテーマの情報を集め、知識の充実を図りプランを練る。

●上弦の月から満月まで……実験サイクル

前サイクルで温めてきたプランを実行に移すが、まだ予行演習である。様々な実験的な試み。いろいろ試してみる。まだ本腰は入れない。プランの様々な可能性を模索する。

●満月から下弦の月まで……収穫サイクル

満月の日は、感情は加速しアップダウンも激しい。新月からの経過をふり返り、広げた可能性の中から、有効なものを選び取り、不要なものを捨てる。

この期間に可能性を見いだせた題材を調理して完成させる。

●下弦の月から新月まで……後始末サイクル

完成したものを評価し、次の新月以降でどのように発展させていくか考えるのもよいが、あまり先走って考えない。これまでに獲得した成果を整理し、大胆に不要なものを捨てて、次のサイクルに備える。

今でも旧暦（太陰太陽暦）を愛好する人々がたくさんいます。旧暦は新月を各月の一日目とする暦です。現在の太陽暦（グレゴリオ歴）は日本では明治五年から使われ始めましたが、それ以前はずっと月を基準にした旧暦が使われていたのです。旧暦は、季節とずれが出る、太陽暦のような単純なくり返しにならず機械的に処理しにくいなど、欠点も多いのですが、月が生命体に与えている影響に気づけば、理にかなったものです。

まずは月齢に注意を向け、自己観察するところから始めるとよいです。一カ月間という短い期間でも、観察を継続するのはちょっと難しいかもしれません。観察することを忘れてしまうのです。この観察に、日記の習慣が役に立ちます。旧暦カレンダーも売られているので、それを使うのもよい方法です。

月のリズムは、昔からいわれているもので、筆者の発見ではありませんが、自分の生活や仕事の中で、そのリズムが息づいていること、その影響を受けていることに気づくことが重要です。それを発見することで、はじめて板についた活用ができます。

●占星術ソフト「アマテル」

月のリズムをウォッチするとき、パソコンのソフトウェアを使うこともできます。筆者が製作した占星術ソフト「アマテル」を紹介します。西洋占星術のホロスコープの作成、月の満ち欠けを表示するカレンダーや、幽体離脱に適切な時期を算出してくれる「幽体離脱予報グラフ」などの機能が備わっています。Windows, Mac, Linux で動作します。

　幽体離脱予報グラフは、その人が一番幽体離脱しやすい時期を予測します。詳しくは筆者ホームページ（http://tetramorph.to/）をご覧下さい。

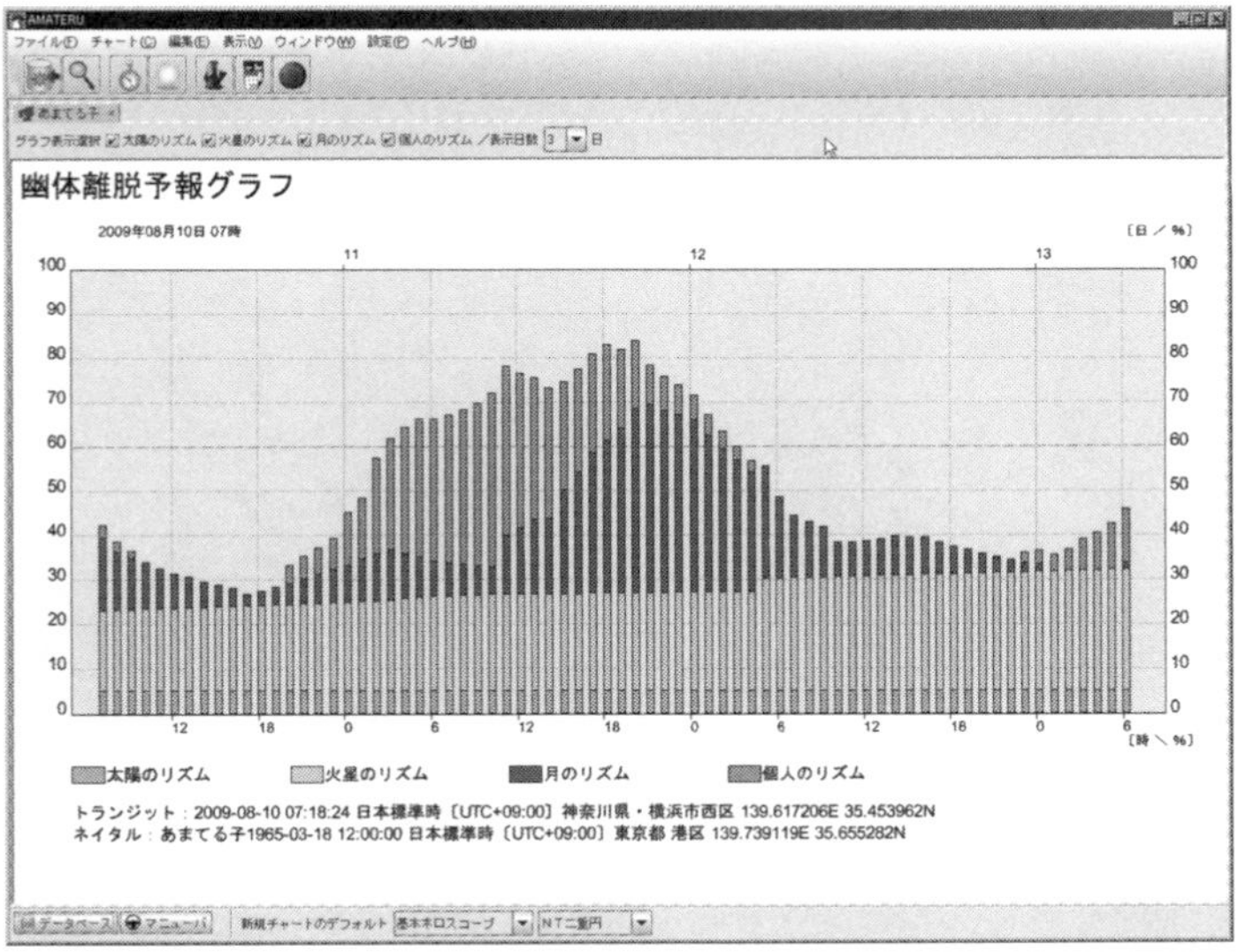

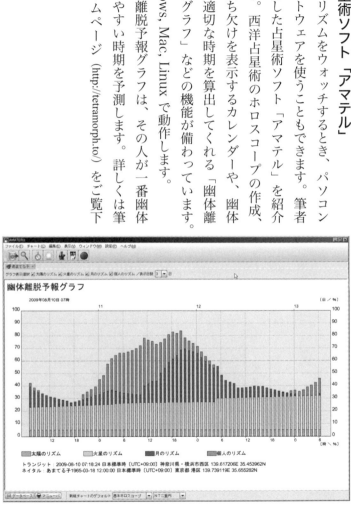

第4章

幽体離脱に成功したら こんなことをやってみよう！

✡目標は一つに絞る

体脱したら自分の手を見ようと決めておいても、いざ体脱すると忘れていることがよくあります。体脱している自覚は持っているのですが、最初の目的を忘れているのです。最初の目的を忘れてしまうと、実験ができなくなります。友達のところに行ってみようとあらかじめ決めておいたのに、体脱したら忘れてしまって空を飛んで遊んでいたなんて場合は、やっぱりアストラル界にたぶらかされているのです。

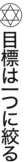

事前に決めておいた行為を実行するのは案外難しく、一度ではうまくいかなくて、何度かリトライすることになるでしょう。また体脱していられる時間は多くの場合長くはないので、すばやくことをすませなければなりません。

体脱してなにをするか、目的はただ一つにしぼるべきです。するべきことを先にして、余裕があれば、好きなことをするようにしましょう。

アストラル界は、目覚めている者の意志を嫌うようなところがあるように思えます。意志を挫くために、いろいろな誘惑や妨害をしかけてきます。ある人の家に行こうと思っていて、離脱したあと部屋の窓を開けたら、鉄格子で塞がれていたなんてこともありました。あるいは魅惑的な女性が出現して、それに注意を奪われるということもあります。脇道にそれると、だいたい最初の目標を忘れてしまいます。決めたことはなにがなんでもするという不屈の意志でがんばって下さい。

自分の手を見てみよう

「夢の中で手を見る」のは、自覚夢を見るテクニックとして有名なものですが、これはカルロス・カスタネダがドン・ファンから教わった方法です。

手を見るための確かな方法はないようで、せいぜい眠る前に「手を見るぞ」と決意を固めるくらいではないかと思います。しかし、真剣にやってみればわかると思いますが、なかなか眠れなくなります。夢の世界は、意志の光を持っている者を嫌うようで、眠りの国の門番が中に入れてくれなくなるのです。

本書の幽体離脱のテクニックは、眠りの国の門番をうまいことだまして、検問をすり抜ける方法です。意志する者である〈自己の星〉を、肉体の外に移動させておくのがそれです。門番は自己の星が放つ意志の光が見あたらないので、眠りの国に入れてくれます。その後、隠しておいた〈自己の星〉が、アストラル体を引きつけ、夢の世界に入れるのです。自分の脳をハッキングするようなものです。

幽体離脱なら、自分の手を見るのは比較的簡単です。**夢から自覚夢に移行する方法は、いったん意識が気絶するので、そこで失敗しやすく、**一方幽体離脱は意識が継続しているので、最初に決めた目的を遂行しやすいのです。

ある人の場合、手のひらに紋章のようなものが書かれていたそうです。そしてその紋章は自分の宇宙種族のルーツを表すものだと、直感的にわかったそうです。

またある人の場合、自分の指に、大きな指輪がはまっていたそうで、本人に言わせれば、それはアストラル界にいる使い魔との契約の証だと言っていました。アラジンの指輪のようなものなのでしょう。

幽体離脱で手を見ることに成功したら、あなたは間違いなく幽体離脱一年生になったと言えます。これは必ず、実行してみて下さい。

人を見つけて話しかけてみよう

幽界に行ったとき、空を飛んだり、町や自然を見物して回ったりして、ただの観光旅行に終わってしまいがちです。自覚を持って行動できるというのに、見ているだけというのはあまりにつまらないものです。すぐに退屈して、ついつい肉体のことに気がいってしまい、引き戻されることが少なくありません。誰かと話をしていると、その話題に集中するので、引き戻されにくくなります。

部屋の外に出たら人を探して、声をかけてみましょう。知らない人でも気にする必要はありません。とにかくなにか会話をすることです。中にはそっぽを向いて行ってしまう人もいますが、そこはダメでもともと。なにかリアクションが返ってきたら儲けものです。

ところで幽界で会う人は何者なのでしょうか。その世界に住んでいる人でしょうか。それとも自分の心の中にいる様々な人格の一つなのでしょうか。私は多くの場合は後者だと思っています。というのは、話しかけて返ってくるリアクションが、だいたい自分の予想どおりのものだからです。まるで自分の心の中の町にいて、自分が内的に作り上げた様々なペルソナを持つ内在者が闊歩しているようなものです。

しかし、自分の知らないことを知っている存在もいます。すべてが自分の心の中に住んでいる存在だとしても、そのことを思い出せない相手なら、それは知らない他者と変わりありません。

幽界での会話はテレパシックに行われることが多く、他者との会話が、自分の深層の記憶にアクセスすることなのだと考えれば、つじつまは合うように思えます。会話によって忘れていた記憶を取り戻すだけです。それをテレパシーのように感じるのです。

✡柔軟な幽体を確認してみよう

幽体になるとその体はとても柔軟でかつ軽いことに気づくでしょう。雑伎団の柔軟芸のようなポーズをとることができます。開脚前屈やブリッジも易々できるはずです。普通の人にはマネができないポーズをとることができますが、私が試した限りでは関節を逆に曲げる、首を百八十度回転させるなど人体の理に反するような動作はできませんでした。

体を伸ばしたとき、筋肉や筋が伸びる感覚や痛みを感じますが、痛みはかなり弱く、ほとんど気になりません。

指をゴムのように引っ張って伸ばすとか、腕を千手観音のように増やすとか、自分の姿を不自然に変形させることは、私はまだできたためしがありません（でもそのような経験を書いている本もどこかで見た覚えがあります）。

スポーツではイメージトレーニングというのがあります。理想とする動作を、まず心の中で強く視覚化するというものです。肉体は精神が動かすものだから、まず精神の中に完全な動作イメージを打ち立てる。そしたら肉体もそのように動くという理屈なのでしょう。

視覚化しただけで効果があるのですから、幽体離脱でそれをすれば効果は絶大かもしれませんよ。ストレッチをするだけで、からだがグニャグニャに柔軟になるとか（笑）。

✡太陽や月を見てみよう

離脱して家の外に出て、空を見上げてみて下さい。幽界にも太陽が輝いています。直視すると目を射られるような明るさです。肉体は部屋で寝ているのですから、肉眼で見ているわけではありません。自分の内的宇宙で輝いている太陽を見ているのです。これは、一度は試してみて下さい。

しかし真っ青で晴れ上がった空なのに、どこをさがしても太陽が見つからないということもありました。太陽がないのに、周囲の景色は昼間なのです。

バトラーは「アストラル界の光景には影が落ちない。アストラル界の物質はみなそれ独自で発光している」と言っています。

しかし筆者はアストラル界で、自分自身の影が地面に落ちているのを確認したことがあります。手足を動かせば影も変化して、一見その影の形は、自然界の秩序に従っているように思えました。

アストラル体という映写機が、エーテル体にアストラル界を映し出していることを思い出せば、たとえ影のように見えても、黒っぽい灰色の光だったのかもしれません。すべてのものが光（アストラル・ライト）によって構成されているのであれば、影が落ちることはないと言えるでしょう。

太陽と同様に月や星や雲なども確認してみましょう。月は満ち欠けもしているようで、毎回異なった姿をしています。確認してみて下さい。

✡空を飛んでみよう

アストラル界では、物質界でできるほとんどすべてのことができると思われますが、逆にアストラル界でしか絶対できないことはなにかと考えたとき、道具を使わずに空を飛ぶことが挙げられます。

幽体になったとき自分の体がいつもより軽くなっていることに気がつくでしょう。立っている場所でジャンプしてみましょう。少し高く飛び上がれるはずです。今度は二階ぐらいの高さから飛び降りてみましょう。いつもよりゆっくりとふわふわ落下すると思います。かりに勢いよく落ちたとしても（事実そういうケースは多いです）、ケガをすることはありません。

いつもとまったく変わらない場合は、濃密に幽体を分離しすぎているのが原因です。この場合は、瞬間的にごく短い時間、肉体に意識を向け、再び幽体に意識を戻すという行為をします。肉体の引力は大きいので、のろのろやると肉体に引き戻されるので注意して下さい。こうすると液体的な幽体のいくらかを、肉体側に戻すことができ、身軽に動けるようになります。

空を飛ぶときは「自分の体が浮き上がる」というように考えます。体が浮き上がったら、「上に上に」というように念じ続けます。体は上昇を続けるでしょう。ここまできたら、幽界飛行におけるバランス感覚は、教わらずとも先天的に知っていることに気がつくはずです。

空を飛ぶとき限界があることに注意して下さい。あまり速い速度で飛び続けることは難しいですし、上昇できる高度にも限界があります。また「飛ぼう」という意志を持ち続けていないと、高度はすぐに下がってしまいます。飛ぶのには意識的な努力が必要です。幽界には引力が存在します。幽体となった自分の体にも引力は働くのです。しかし意識的努力によって、その引力にあらがえる点は興味深いです。

自分が抜け出した後の肉体を見てみよう

臨死体験ではしばしば、「横たわる自分の姿を見た」という報告がありますが、幽体離脱でもそういうことは時々起こります。

多くの場合、離脱して自分が寝ているはずのふとんを見ると、もぬけのカラだったり、ふとんのあたりだけ視界が黒っぽくぼやけて見ることができなかったりします。

ふとんに肉体がないということは、寝ぼけたままふとんから這い出しただけなのでしょうか。いいえ、そんなことはありません。離脱から戻ってみると、ちゃんと自分はふとんで寝ています。

離脱中は幽界を見ているのであって、物質世界を見ているわけではありません。たとえ現実の部屋と、うり二つの部屋の中にいたとしても。だから離脱中に置いてきた肉体を見たとしても、それはきっと物質界の肉体ではないのでしょう。しかし幽界で見た肉体は、たしかに自分の帰るべき肉体の位置を表しているとは思います。その体に近づけば、急激にその体の中にひっぱり戻され、肉体の中で目覚めるからです。幽界で迷子になったとき、さがすべきアンカーとみなせるでしょう。

寝ている自分の肉体を見ようとする場合、離脱していきなり見ようとしないほうがよいようです。一度部屋を出て、できれば出たときとは別の入り口から入りなおすことです。窓から出て行ったのであれば、ドアから入りなおすとか。

ちなみにこのとき、寝ている肉体をひっぱたいて起こしてみようとした人がいます（この話を聞いたとき「その発想はなかったな」と思いました）。

そしたらなんと寝ている身体が目を開けて起き上がり、それで二人して表に出かけて遊んだというのです。

筆者も試してみましたが、まず寝ている自分の姿を見ることが少ないため試すことができません。やっと見つけてひっぱたいてみましたが、寝ている自分は目を覚ましませんでした。

自分だけでなく他人を起こすことも試みたことがあります。ひっぱたいたり、耳元で「起きろー」と大声で叫んだり。でもウウーンと眠たい声を出すだけで起きてはくれませんでした。そのまま幽体を引っ張り出すことも試してみたのですが徒労に終わっています。肉体に戻ったあと、「さっきカクガクシカジカしたのだけど、なんか覚えてないか」と質問したら、「まったく覚えがない」とのこと。

「シックス・センス」という映画で、幽霊と会話ができる少年が、幽霊の男に「生きている人にメッセージを伝えたいなら、その人が眠っているときに話すといいよ」と教えるシーンがありましたが、幽体離脱のシチュエーションではそれは使えないようです。

✡物体を浮遊させてみよう

幽界では空を飛べますが、逆に自分とは別の物体を、念力のように浮き上がらせることはできるのでしょうか。私の知り合いはそれを試してみて、浮き上がらせることができたそうです。幽体離脱して部屋のテーブルの上にあった小さなお菓子を浮遊させようとしました。そうしたらテーブルから数センチ浮かせることができたそうです。しかし重たい物体は無理で、テーブルごと浮き上がらせるようなことはできなかったそうです。

この話を聞いて私も挑戦してみたのですが、どんなにがんばっても浮かせることはできませんでした。彼は幽体離脱以外にも日頃から気功の鍛錬をしている人なので、そういうことができたのかもしれません。高度に気の力を発達させた気功師は、現実の世界で物体や他者を触れずに動かす力を持っているといわれます（真偽のほどはわかりませんが）。

物質の束縛、つまりそれは重力による束縛ともいえるのですが、その法則からいくらか自由になっている幽界においては、気の力が強い人は、自分以外の物体も浮き上がらせることが可能なのかもしれません。

✡なにか食べてみよう

幽体でものを食べてみると、だいたい普通に味がするのですが、筆者の場合、今一つおいしくありません。味が少し薄くなっているように感じます。

しかし個人差があって、メロンを見つけて食べたら、この世のものとは思えないほどうまかったという人もいました。孫悟空が食べた不老長寿の桃や、エデンの園にあった禁断の果実などを探してみるのはいかがでしょう。

幽界で出会った男が、私に緑色のシダ植物をくれたことがありました。SFに出てくる宇宙植物のような奇妙な形をしていました。男はそれを指さし、口を開けて食ってみろとジェスチャーで示すので食べてみると、いきなり意識が覚醒して、悟りのような境地になりました。

男はニヤッと笑って「どう？」といいました。

「こりゃ最高」と私。

幽界には意識を変容させるドラッグのような物質も存在しているようです。肉体に戻ってしまうと、その効力が持続しないのが残念なのですが。

ところで幽体なら、なにを食べようと、おなかを壊すことはないと思われます。それなら食べられないものを食べてみるのも、面白いかもしれません。カネゴンみたいにお金を食べてみるとか（笑）。しかし現実さながらのリアリティの中で、それをできるかどうかは微妙なところです。

✡テレビを見てみよう

アストラル界でテレビは映るのでしょうか。アストラル界にも放送局やネットは存在しているのでしょうか。アストラル界でテレビを見るなんて、霊界テレビそのものといった感じがするではないですか。筆者が試してみたかぎりでは三通りあります。

①音声だけが聞こえてきた。お昼のワイドショーのようだったが、いつまでも画面は真っ黒け。

②どのチャンネルも砂嵐が見えザーッとノイズが聞こえるのだが、しばらくながめていると、男とも女ともつかない低音の声で「うおおぉぉ…」と、うめき声が聞こえる。スローモーション再生時に聞こえる音声のよう。これはちょっと怖かった（汗）。

③電源が入らない。このときは、家の中の電器製品のスイッチを入れてまわったのですが、全部死んでいました。停電状態。音と映像がそろった、まともな番組が映ったことはまだないです。

✡火をつけてみよう

アストラル界で物を投げたら落下しました。電気に感電したこともあります。ちゃんと自然法則が働いているかのように見えます。ではロウソクや紙などに火をつけたら、それは自然法則どおりに燃え上がるのでしょうか。また燃え上がったとして、その炎に手をつっこんだら火傷したり熱かったりするのでしょうか。部屋にある本とか、紙とか、手当たりしだいに放火して、家を全焼させてしまうことってできるのでしょうか。

これは試してみると、実は相当面白いことになるのですが、だまっていることにします。どのような結果になるかは、読者自らが試して確認して下さい。

幽体離脱していないのに部屋に火をつけたりしないよう、くれぐれも注意して下さい。

✡謎の封筒を読んでみよう

私は幽体離脱でタロットカードを読む実験をしたことがあります。シャフルしたあと一枚カードを引き抜いて、本棚の上などに伏せておく。離脱したらそのカードを読みとるのです。

しかし離脱してみるとカードがどこにも見あたらないとか、運良くカードを見つけても、めくってみると、図柄が見たこともないものになっていたりします。

だれか**仲のよい友達や信頼している人**に文字や図形を紙に書いてもらい、封筒の中に入れて封印し、封筒を作った人だけがその中に入っているメッセージを知っている状態を作ります。それを幽体離脱で読みとる実験をしてみましょう。

先に書いたカードの実験は、誰も答えを知りませんが、これは答えを知っている人がいます。だからこれは他者の記憶にアクセスできるかを確かめる実験なのです。

離脱してその人の家まで行って読むのは、一つ余計にハードルがあるので、その封筒を自分の部屋の中など一番読みやすい場所に置いておくとよいです。幽体離脱したら封を切って中身を見ます。答え合わせは封筒作成者と一緒にしましょう。

勇気がなくて試せないこと

幽体のお腹を包丁で切り開いたら血は出るのでしょうか。内臓はあるのでしょうか。

筆者は今でも自傷行為は試す気にはなれません。

現実に、自分の指を針で突いて血を一滴絞り出すのは、簡単なようでかなり勇気がいるものです。病院で採血するときは看護婦さんがやってくれますし、痛みもたいしたことはありません。そういうのは我慢できます。採血を自分でするのはどうでしょう。かなり抵抗があるのではないですか。

血判も、簡単にはできないことだから信義を確かめ合う場で使われるのでしょう。

心を病んだり、異常な状況に追い込まれたりしない限り、人間の心理は自傷することを「しない・できない」ように、プログラミングされていると言えるでしょう。

幽体離脱はリアリティがとても強く、頭では恐らく問題ないと思っていても、自傷する気にはなれないものです。でも一度実行し、へっちゃらだと思うと、だんだんそれに慣れていくこともあり得るでしょう。体脱中に自傷行為をくり返していると、心理的な防衛機構を弱体化させる可能性があるかもしれません。

自傷に限らず、心の禁忌を決定している、無意識下の心理プログラムを、幽体離脱時の行動で書き換えることができるとすれば、破壊的な結果も生じ得ることになります。しかし、もしそうなら、逆になにか建設的な方向へ応用も可能なはずです。

まぁ、どちらにせよ、結果はすべて本人に返って行くでしょう。アストラル界は「鏡の世界」です。

第5章
幽体離脱をめぐる冒険

✡ 幽体離脱がなにをもたらすかは、その人の取り組み方次第

幽体離脱で私がどのような経験をし、それが現実にどのように交錯していったか、日記をもとに振り返りたいと思います。

書いてみると、夢とも現実ともつかない、ふわふわした話になりましたが、「幽体離脱の実際」を知るには役立つと思います。

幽体離脱ができるようになったら、あなたも様々な体験をするでしょう。それがなにをもたらすかは、その人の取り組み方次第です。

✡ 師と出会う

実のところ私は幽体離脱そのものを求めていたわけではありません。バトラーの本の中で幽体離脱は補助的な訓練にすぎず、彼が示している目標地点は、高次の自己との合一です。当時は、そのことを正しく理解していたとはいえませんが。

幽体離脱ができるようになった後、私はこの道の師を求めました。幽体離脱でそういう人

物との接触を試みたり、本を読みあさったり……。

八八年十一月、私は新しく加入したパソコンネット（インターネット普及以前の掲示板システム）で、その後の人生を大きく変化させる（狂わせた？（笑））注目すべき人物に出会いました。彼はグルジェフ系の人でした。非常に幅広い知識と能力を持っていたのです。この人をX氏としておきます。

X氏をネットで発見する三日前、幽体離脱をしました。

●天のドームが開き巨大な星が輝く

八八年十一月八日
いつになく簡単に離脱できた。体がなにかに引っ張られ、真っ暗な中でぐるぐる回転しながら進んでいる。視力が働き出したが、周囲は夜で、分厚い雲が空を覆っている。
私は丘の上にいた。火山岩の土地が広がり、草一本生えていない。遠くの山に赤い火柱が上がっている。丘のふもとは広大な海。波がなく鏡のように澄んでいる。まるで生命がまだ誕生していない原初の地球のようだ。音も風もなかった。
空の雲が割れた。すると一つ、また一つと、とても大きな星が輝き出した。プレアデス星団を間近で見ているようだった。七つの星が輝き、そこからレーザーのような光が海に落ちた。混沌とした世界に星の光が落ちてくる光景は、ぞっとするほど美しかった。実はこの世界はドームで包まれていたのだ。空の屋根が開き星の光が入ってきたのだった。

天球のドームが開き空に星が輝くという体験は、求道の始まりを暗示していたと思っています。道が開かれたのです。しかしそれが具現化するのは、もう少し後です。

●宇宙法則を教えてくれる少女

八九年一月一日

離脱を試みるがうまくいかず、諦めて寝ようとしたら甲高い耳鳴りがして離脱。窓を開けて外に出る。空はいつものように青い。

あたりを見回すと、砂漠の中にある町の光景。日干しレンガで作った建物ばかり。そこで一人の少女に出会った。彼女はテレパシーで語りかけてきた。まるで自分を前から知っているかのようだった。私もなんとなく知っているような気がした。彼女は「宇宙法則や幽界の統御方法を知りたいのね」と尋ねてくる。「うん」と答えると、彼女はその場にしゃがみこんで、指で砂の上に図形を描き始めた。私もしゃがみこんで、その図形を見ながら話を聞いた。円や三角形で構成される図形だった。

「この図形で説明すると、あなたが今いる座標はここ、それから次元転移を引き起こせる地点はここ、この転移を起こす地点に到達するためには、あなたの振動数をシフトさせないといけないから……

無限数存在する時間軸と空間に対して、意識体はそれ自身制約を受けることはなく……」

小難しい理論をテレパシーで一気に頭の中に送り込んでくる。

そのとき彼女の言っていることが手に取るようにわかって、「なるほどぉ！そういうことか。明快！」とかなり感激していたのだが、彼女は言った。

「でも時間がかかるわ。多分あなたはまだ理解できない」

彼女にお礼を言って別れた。

自分の部屋まで戻り、横たわる肉体の足に手を触れてみると、死体のように冷たい。

「死んでしまったのか？」と思った。

試しに自分の肉体に覆いかぶさるように重なってみた。すると視界がブラックアウトして、肉体の眉間あたりから、小さな穴に吸い込まれていくような感覚を覚え、そのあと肉体の感覚が蘇ってきた。帰還できたらしい。

帰還後の気分は最悪で、一旦は目を覚ましたが、恐ろしいほどの睡魔と疲れが襲ってきてそのまま昏睡した。目が覚めてから、ここに書いたような経験内容は思い出すことがで

――きたが、少女に教わった知識は、ほとんど復元できなくなっていた。

この当時の私は、いかにしてこの道の導師を見つけるか、それしか考えていなかったので、このような知恵の娘のような存在が出てきたのかもしれません。でもこの女の子から教わったことは現実的には使えるようなものではありませんでした。

しかし、この知恵の娘に会った年、私は切望していた〈知識〉にたどり着いたのです。X氏はこの分野における、巨大で能動的な生けるデータベースのような人でした。彼は弟子を多数抱えていて研究会を開いていました。

もうひとりの注目すべき人が同パソコンネットに出現しました。彼は古神道系の宗教団体の教祖K氏でした。彼はX氏の弟子になるように私にさりげなく勧めました。後から聞いたのですが、K氏はX氏に、私を弟子として受け入れるようプッシュしてくれたそうです。

その後、急速に私を取り巻く環境は変わり始め、東京に仕事を見つけ、それまで勤めていた会社を辞め、六月に上京し彼のもとに入門したのでした。

K氏はある意味、私をそそのかした人です。彼がいなければ、そこまで思い切ったことをすることはなかったでしょう。

大阪を離れる前にＫ氏はいくつか忠告してくれました。

「Ｘ氏は特殊な人だから、彼に入門することを、諸手を挙げて賛成できるわけではないけれど、今はそれが最善だと思われる」

「Ｘ氏は長年貯えてきた力をこれから解放していく。それを間近で見ることは、あなたにきっと良い刺激をもたらしてくれるでしょう」

Ｘ氏の秘教研究会

Ｘ氏の研究会は八一年ごろか、それ以前からも集まりをもっていたようです。その時々によって、集まるメンバーや、ワーク（修行）の内容は大きく変化したようです。しばらく継続して解散、また結集をくり返します。私はその一部を知っているにすぎません。だから自分の知っている期間だけを取り出して、「このような集まりでした」と紹介することしかできないし、それが私にとっての真実です。他のメンバーも同様、自身が見てきた期間を切り出してそれを表現できるだけです。だからこのサークルとＸ氏への理解や評価は、メンバー各人ごとに異なりますが、それぞれ真実なのです。

私が入門したのは八九年で、それ以前のことは古参の弟子たちから聞いた話になるのですが、ちょっと紹介しかねるほど大変なワークをやっていたようです。彼らはX氏のワークに人生を賭け、大きな犠牲を捧げていました。

当時の様子を聞いたところから察すれば、私がその時期に参加しても、ついて行けなかったと思うし、その前に参加しようとは思わなかったでしょう（笑）。私が入ったころはだいぶ穏やかになっていたようです。

入門した当時、その研究会でどのようなことをしていたか簡単に紹介しておきます。毎週定期的に集会がもたれました。内容はオーラ透視練習、瞑想、シャーマニックな踊り、占星術等の占い、ハタ・ヨーガ、ダークミラー、その他様々です。

オーラ透視は、観察対象となった人の気配や雰囲気を読む練習です。薄暗いところで無地の背景でながめると、オーラの光が簡単に見えます。

ダークミラーは、参加者全員が暗い部屋で特製の巨大な黒い鏡にヴィジョンを映し、それを象徴解読します（ちなみに一人でするときは小さなミラーを使います）。

一人で鎌倉から富士山まで歩いて行き、富士五湖を巡って鎌倉に帰ってくる旅をするワークもありました。全行程歩きで一週間から二週間の旅です。気の赴くままのコースで歩き、いろいろと人生経験をする。お金も最小限しか持っていかない。宿には泊まらず寝袋で野宿する。嫌というほど自然に触れるのです。雨の日は辛いです。

メンバーの間では引っ越しの話題がよく出ました。彼らは目的に応じて土地の力を使い分けるのです。これからこういうことをしようと決めたら、それにはあの場所がいい、そこに引っ越そうという発想です。あの土地の住み心地はいいとか、こんな影響力があるとか、そういった情報交換も仲間内でできたりします。

ちょっと変わっていたのが、赤いローブ（法衣）を着て自分で作った鬼のお面をかぶって太鼓を叩いて踊りをすることです。

これは各自、鬼のようななり声を出しながら踊るのです。感情を解放したり、トランスに入ったりする効能を持っています。

X氏はこれらのワークにからめて、グルジェフのエニアグラムや水素論、カバラの生命の木、カスタネダやシュタイナーの世界観、占星術などの講話をしてくれました。メンバーのある人は「X氏に会わなかったら、グルジェフやカスタネダの著作を、ほとんど理解せずに素通りしていたと思う」と言いました。本に書かれた死せる知識を、それを融通無碍《ゆうずうむげ》に使いこなし、自分たちの抱いている疑問や悩みに次々答えてくれるX氏に、私は生きたオカルトの知恵の輝きを感じたのです。彼がただの物知り博士とは違うところです。

X氏は当時、看板を上げては活動しておらず、「知る人ぞ知る」という存在でした。だから研究会に集まってきている弟子たちは、あちこちの道場を渡り歩き、「最後にここにたどり着きました」というような人たちばかりで、大半が年上の人たちでした。そんな場所にいきなり飛び込んでいった私には、彼らが海千山千の仙人のように見えたものです。

「X氏の研究会はグルジェフが入門したといわれる『伝説のサルムング教団に匹敵する』と言った人もいます（笑）。

私が入門してから約二年後、X氏は本を出版し、世に出ていきました。この時期に、研究会は解散しました。しかしそのあと、新参であった私と、他の二名のメンバーを入れて、X氏は研究会を継続してくれました。だから研究会は前期と後期に分かれます。

K氏が言っていたように、X氏が長年ため込んでいたポテンシャルはかなりのものだったらしく、彼は昇竜のように上昇して行き、あっという間にその業界の第一人者になってしまいました。弟子たちはみんなおいてけぼりで（笑）。

X氏特製の謎の封筒を読む

集会でX氏が課題を出しました。

「封筒にメッセージを入れて、そこの戸棚の中に入れておく。幽体離脱でこの家までやって来て読んでみよう」

これはかなり難しい問題に思えましたが、次の日、彼の家に辿りつくことは簡単にできてしまったのです。

九二年一月二十六日

お昼ごろ体脱を試みた。しばらくすると右手がはずれた。幽体の右手で寝返りをうち離脱した。X氏の家に行きメモを読むことはしっかりと覚えていた。彼の住んでいるマンションの玄関前に瞬間移動した。

ドアノブを回したらドアは開いた。ドアの向こうは真っ暗でなにも見えない。中に入ろうとしたら、なにかふんわりしたものに押し戻された。目には見えないが透明な風船のような幕があるようで、ボヨヨーンと外にはじき返されてしまう。助走をつけて飛び込んでみたが、やはりはじき返されて中に入ることができなかった。

「読みに来いと言っといて、どうしてこんな意地悪するんだよ！」

中に入れないうちに引き戻されてしまった。肉体に戻ってから、へその下がざわざわした。

二月八日

集会の日。封筒の開示。読めずじまいだった封筒を開けると、変な花のような絵が描かれている紙が入っており（図5－1）、ところどころに炎であぶって焦がした跡がつけられていた。X氏は「次の封筒を用意するから、もう一度やろう」と言い、新しい封筒が用意された。

X氏の家まで行けても、またあやしい結界らしき幕にはじき返されてしまうかもしれないので、次からは直接部屋の中に瞬間移動で行くように心がけました。

しかしこの後からがとても大変だったのです。何度離脱しても、彼の家にたどり着くことができず、この日から三十回くらい試みましたがすべて失敗に終わっています。すっかり秋になったころ、やっと封筒にたどり着きます。

十月五日

封筒めざしてベッドに入ったが、失敗して夢を見ていた。X氏の家の中にフローティングタンクが置かれていて、私はそのタンクの中に入った。「ここで体脱すればすぐに戸棚の封筒も読めるだろう」と信じていた。すぐに振動が始まり、幽体離脱し、タンクの外に出た。

ここで自覚を取り戻し、うまくX氏の家にたどり着いたことに気づいた。しかし今度は視力が働かない。手探りでキッチンの戸棚まで歩いた。戸棚の中を手探りで探すと、封筒が手に触れ、つかんだ瞬間に視力が働き出した。部屋の中は明るく、戸棚や

図5-1　描かれていた絵

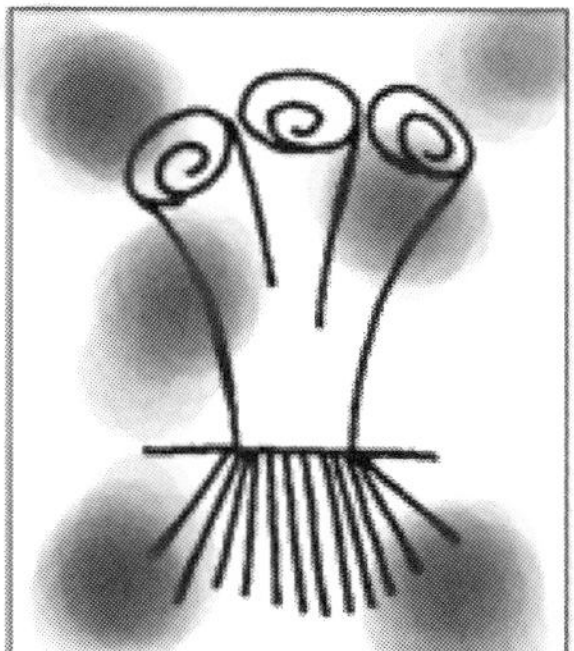

流しなどいつものX氏の家の中にいることを確認できた。

円卓の席に座り、封筒を破り、指をつっ込むと、二つ折りにされた紙が出てきた。開いて見ると縦長の文字が書かれていた（図5－2）。紙は黄色の蛍光色だった。

「HIMISTIS こんなに大きいんです」

英語のアルファベットで鮮明に見えるが頭では読めない。

図形として認識することにして、その形を視覚的に記憶した。しかし「こんなに大きいんです」は読める。意味も理解できる。

読みにくい縦長の文字に目を凝らすと、倍率が上がり文字の間に文字があるように別の文字が見えてくる。必ず縦の傍線、つまりIが分裂して他の文字を生み

図5-2　紙に書かれていた文字

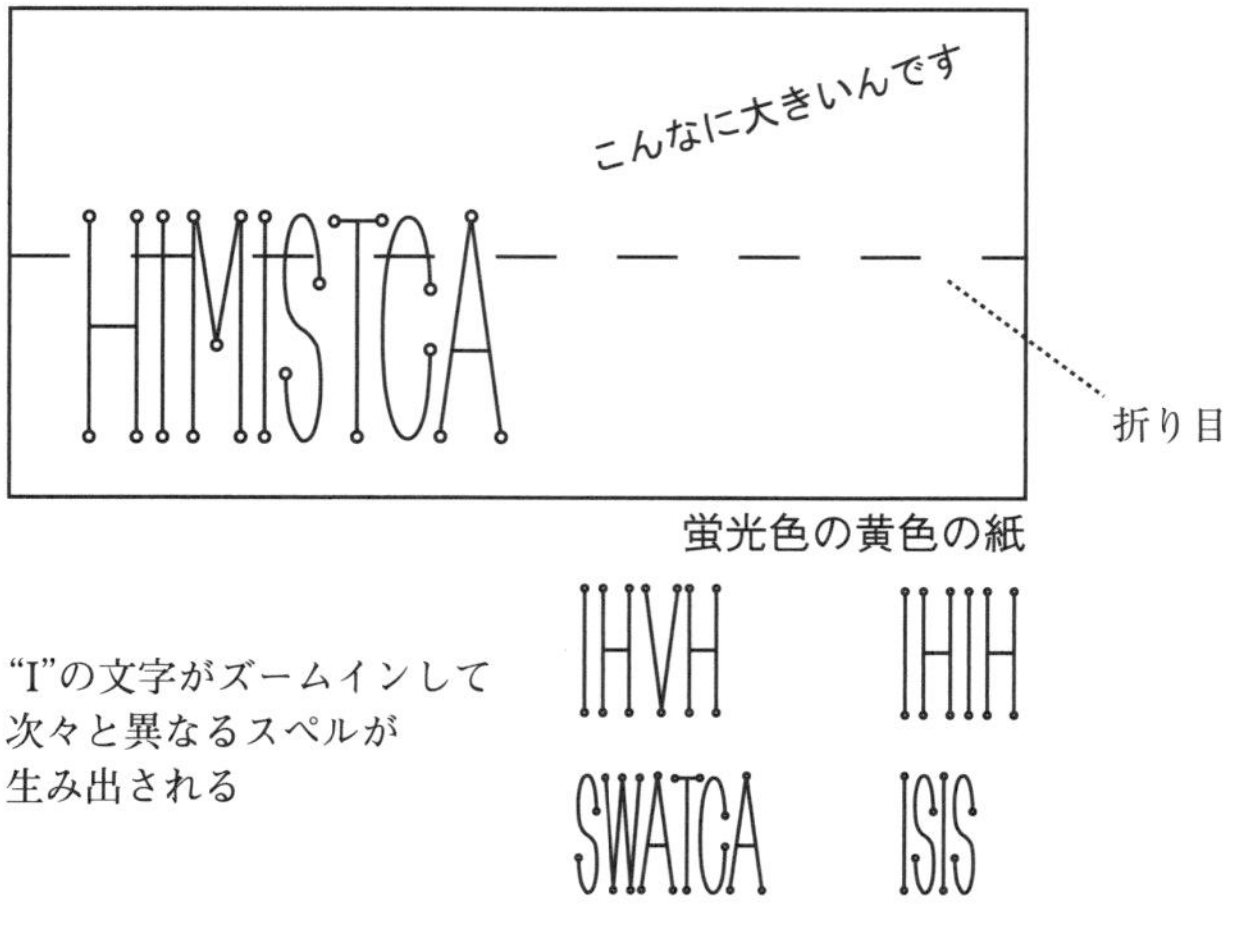

出す。たとえばＩという文字にズームインしていくと、実はIH、Hの次の文字は……と見ていくと、Hの右の縦線が分裂・モーフィングしてVに化けたりする。IHVH、ISIS、HIMISTICA、SWATICAなどとコロコロと変化する。

「なぜこんなに読みにくく書いてあるんだ。なんて意地悪な……」と思った。出現率の高かった文字は"H, I, S, M, C, T"。Aもあったかもしれない。

読もう読もうと少し焦ってしまった。ここで引き戻されベッドで目覚めた。

一応、封筒の中身を読む（見る）行為には成功したが、ピッタリ正解にはならないだろう。次々変化する文字が現実の紙に書かれているわけがないのだから。

その後、すぐにX氏に電話してみると「仕事中だったが異常な眠気におそわれていた。答え合わせは次の集会の日にしよう」と言った。

十月七日

五日に封筒を読んで以来、なんらかのポジティブな影響が自分の意識の中に起きている感じ。頭が冴えていたり、たいした理由もないのに気分がウキウキしたり、身体が元気だったりする。

十月十日
集会の日。封筒の開示。

X氏はまず私の提出したレポートをみんなに見せて、封筒の中身を推理させた。

ここでメンバーの一人が言った。

「この文字、スワスチカ（卍《まんじ》）を連想させる」

他の人もめいめい好き放題言う。

「次々文字が生まれてくるんだからなにか能動的な意味あいのものかも」

「文字だから、文字の発明者といわれるヘルメスやトートに関したなにかとか」

「『こんなに大きいんです』だから巨大なもの」

X氏が封筒を開封すると、出てきたのは白い紙にペンで無造作に描かれた太陽を表すシンボルだった（図5－3）。前回のように紙を焦がして細工した様子はない。

X氏は言った。

「おーさわが読んだ文字とこのシンボルは絶対に関係がある。この太陽のシンボルは生産性や次々と増殖していくというような意味を持ち、卍のシンボルとも関連性がある。

このシンボルに元型レベルで接触すると、このシンボルが表すところのエネルギーと接触することになる。感情センターでこの世界につながると、次々と押し寄せるエネルギーの海にのまれてしまい、帰って来られなくなることも起こり得る。しかしおーさわの場合、知性（思考）センターではシンボルの力に接触したが、感情センターでは接触していない。それを達成するには、もっと感情センターを発達させなければならない。

おーさわはおそらく元型レベルでこのシンボルに接触したが、その情報が脳に伝達されると、おーさわにとって親近性のある言語等に翻訳されて出てくる。だから実際の絵をそのまま見たのではなく、そのシンボルが表している元型のエネルギーと思考センターが接続され、日常言語に置き換えられて出てきたものだ」

ちょっとケムにまくような解説に思われる

図5-3　無造作に描かれた太陽のシンボル

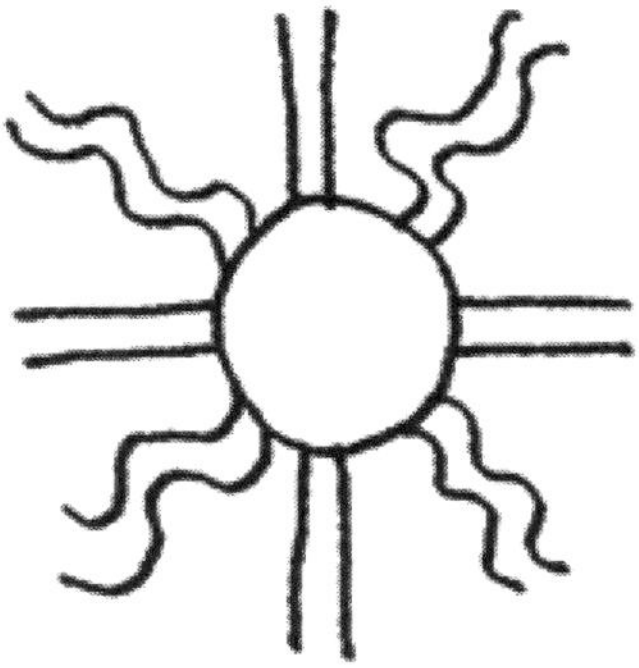

かもしれませんが（笑）、当時の私たちは、アストラル界で見たものは字義どおりに解釈するのではなく、シンボリックに解読するべきだという姿勢でした。アストラル界は物質世界と異なる秩序に従っているので、日常生活で従っている思考法で接近しても意味がないと考えていました。

それは夢判断の発想法と同じです。たとえば「知人が死ぬ夢」を見たとします。それを日常的な思考法で解釈すると「その人が死ぬはずだ、死ななければただの夢だったのだ」という考え方をするでしょう。しかし夢判断なら「その知人が生まれ変わるような経験をするのかもしれない」というように、ちょっとひねった考え方をします。そしてしばらくしてその知人に彼女ができて、ずいぶん性格が変わってしまったとか、それまでの仕事をすっぱり捨てて、まったく違う職に転職したといった出来事が起きたりすると、夢判断は当たったと見なします。現実と夢を合わせる行為なので、夢合わせともいいます。

次々と生産される文字、意識が冴えて元気になる——。IHVHはカバラではエホバを表し、それは太陽神と捉えることもできるし、「我常に生成しうる者」という意味もあったりします。そんなわけで近似的には太陽的な意味を受信していたのではないか、というようにも考えることができるのです。この話にはもう少し続きがあります。次の日、私はメンバーの一人と、某氏主催のカバラ魔術講座に出かけました。

講師の先生は、がっしりした体格の魔術師で、ドキッとするようなヘブル語の発音が印象的でした。講座の内容はもうほとんど忘れてしまったのですが、記憶に残る内容が一つありました。ちょっとうろ覚えなのですが……（間違っていたらスミマセン）。

「原初の父アバのヘブル語のスペルに、ヨッド（すなわち“I”）が加わり原初の母アイマとなる。すなわちヨッド“I”は母なる原理、生産の原理である」

封筒に入っていた紙の上では、“I”が次々と文字を生み出していたので、妙にシンクロニシティを感じたのでした。

パワースポットを偵察

九三年二月二十三日
不動尊の土地の力を使うために引っ越しをした。上京してから三回目の引っ越しだったが、それまで住んだ土地の中で、一番自分にぴったりの安らいだ感覚を覚えた。
ただX氏はこのとき、私とメンバーのS氏が、この土地に入って来たことで、この近辺の宗教団体が怒っているようだと言った。

九三年二月から私は東京都内の某不動尊のそばに住んでいました。この場所は霊能者の間ではパワースポットとされていて、かなり異常な場所というのが共通見解でした。大きなお祭りの日は、部外者を寄せつけない雰囲気があり、みなトランス状態で熱狂しています。ちょっと不気味な町にも見えますが、この場所は、山奥の静かな村に住んでいるような落ち着きが得られる、という良い面もあるのです。夜は深々とした静寂に包まれます。都会にいながら、その喧噪から逃れることができる場所です。瞑想も幽体離脱もとてもやりやすい場所でした。

「不動尊を幽体離脱で偵察したら、アストラル界ではどうなっているのかな」と思って、偵察を試みました。歩いて行けるところなので、簡単そうに思えたのですが……。

三月三日

不動まで飛んで行き、中に入ろうとしたが、境内の柵をどうしてもくぐり抜けることができず、はじき返されてしまう。結界が張られているらしい。結局、肉体に引き戻されてしまった。このとき二月二十七日のように（この日のことは後述します）心臓が激しく痛んだ。しかしすぐに収まった。

五月一日

二月二十三日の「宗教団体が怒っている」という件を思い出しX氏に尋ねてみた。

「おーさわが引っ越して来た時、あの空間をそうとうひっかきまわしたでしょ。アストラル界に片足をつっ込んでいて、幽体離脱をやりまくっている人が入ってくれば、当然ひっかき回すことになる。不動尊近辺の小さな団体のいずれかだと思うけど。しかし今は治まっている」

「三日ほど前から、町の空気に漠然とした敵意を感じるのです。風呂屋に行くと、他の客から複数の視線を感じて、異物のように敵視されているような気配がするんですよ」と私は言った。

「土地からはじき飛ばされそうなわけ？ もしそうなのだったら、幽体離脱して不動の本体と接触して話をつけるしかないよ。いずれは住めなくなる。風呂屋の体験のようなことがあっても、普通の人はそれに気がつかない。生活できなくなって、理由をつけることもなく、住み心地が悪いと言って引っ越していくことになる。おーさわがそういう土地の敵意を感じたということは、そういう空気が読める注意力が発達してきていることを示している。

集団の視線は、土地の力に無意識に支配されている住人の意識から発せられている。それは『空気』に住んでいる生き物ともいえて、街に浸透してあらゆる場所に投影される。

話をつけるといっても、幽体離脱に限らず瞑想でもいい。御本尊とリンクができていれば問題はない。壇家の人々は御本尊の人格的象徴だから、それらとの関係はべつに悪くても大きな問題ではない」

「具体的にどういう事情で住めなくなるのですか？」

「やっぱり事件がおきるよ。ケンカになるとか、お金が突然なくなるとか」

五月二日
不動の御神体に接触すべく体脱した。視力は働かず。不動に強く注意を向けたとたん、ビリビリと感電したような状態になり、ギャーッと悲鳴を上げた。ふとんから跳ね起きて、荒い呼吸をしていた。
X氏に報告すると「それはいい兆候だ。普通は相手にされない。ビリビリきたのは接触している証拠だ」と言った。
私はさらにしつこく幽体離脱で、不動尊に接触を試みました。

六月十三日

地上からは侵入できないので、今度は上空から攻めてみた。体脱後、不動尊の上空高くまで飛んだ。このとき、境内の普段立ち入れない場所に小さな池があるのが目に入った。急降下して、境内に入ろうとした。うまくいきそうに感じたのだが、なにか見えないドーム状の屋根が不動尊境内を覆っているようだった。カーブを描いた見えない屋根にぶち当たったあと、私はずるずると屋根を滑り落ちていった。やはり不動の守りは堅い。

また出直すかと、すごすごと家に戻った。すると玄関のドアに張り紙がしてある。もちろんこれはアストラル界の話だ。現実に張られていたわけではない。

「あなたのせいで、不動尊の信者一同が迷惑しています。子供の教育にもよくありません。もう近寄らないで下さい」

このときの文字は、ごく普通に読むことがでた。

この件からしばらくして、ある問題が起きて、私はこの場所に住んでいられなくなったのでした。実は女が転がりこんできて、そのことで大家ともめて追い出されてしまったのです(苦笑)。

「これをやるから出ていけ」と不動尊から追い出されてしまったような気がしたものです。不動尊とリンクしたかったのですが、やっていたことは裏目に出てしまいました。

その後、期間限定で不動尊の中庭が特別公開されたことがありました。普段は見ることができない中庭です。興味津々だったので入ってみました。中には池があり弁天が祭られていたのでした。幽体離脱で上空から見た池は実在していたのです。

✡宇宙人が来た日

私のいう宇宙人は幽体離脱や夢の中に出てくる宇宙人のことです。ですが夢でも宇宙人に会うことは、そんなに多くはないように思います。

当時のメンバー間では、「宇宙人とは、アストラル界に降りて来ることはできるが、物質次元にまで降りられない、天使のような生命体」という考え方が共通認識としてあったのです。アストラル界は人の想念の世界のことですから、その中に寄生する生命体と考えることもできます。

こういう分野に興味がまったくない人は、夢で宇宙人に会ったと聞いても、「それは夢でしょ」と一笑して終わりですが、研究会の中では「そのような珍しいシンボルにはなにか意味があるし、アストラル界の住人がいても不思議はない」程度には考えていたのです。

なぜ私がこのような宇宙人を特別視するかというと、彼らはある程度の長い時間をかけて、現実世界に干渉してくるように思えるからです。幽体離脱で、ある宇宙人と出会ったのですが、その前後から一年ほどかけて異変が始まったのでした。

●頭に奇妙なヘルメットがくっつく

九二年二月二十一日
頭になにかヘルメットのようなものがくっついている感覚が復活。八九年六月X氏に弟子入りすることが決まったときにも同じ感覚があった。

八九年の入門当初、私は身体的なある異変を感じたのでした。痛くはないのですが、なにかが頭に巻きついて、頭皮に触れているような感覚が続くのです。

気になって手で触ってみるけど、なにもありません。頭皮に注意を向けると、かなりはっきりと、くっついている物体の形がわかるほどです（図5－4）。それは二週間くらい続いて消えました。

X氏はそのとき「それはある種の追跡装置で、高次の存在がおまえをマークしているのだ」というようなことを言いました。また「幽体離脱して鏡を見たら見えるんじゃないか」とも言いましたが、その期間には体脱できませんでした。

ヘルメットの感覚が復活して三日後、宇宙人のおばさんが出てきます。

✡宇宙人のおばさんがウマイ話を持ってきた

二月二十四日

夜中に夢を見ていた。

「見知らぬ男が、猛吹雪の山中で、逃避行を続けていた。雪をかき分けながら、道なき道を必死に逃げている。追っ手は戦闘ヘリで、サーチライトを照らしながら男を追

図5-4　頭にくっついたヘルメットらしきもの

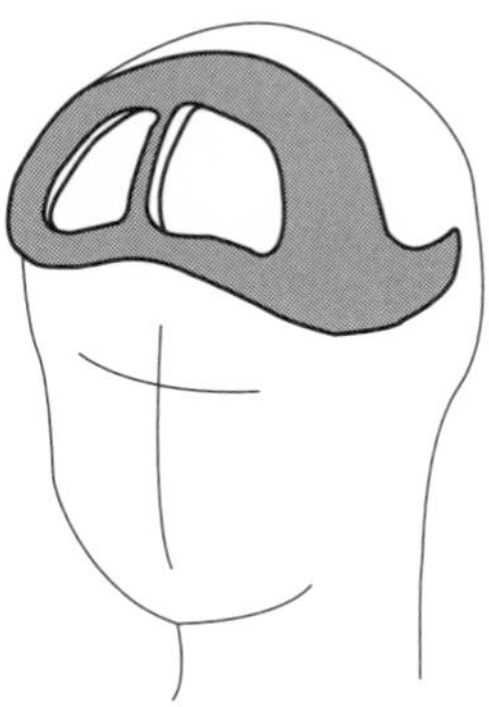

跡している。やがて男は照準を合わせられ、眉間を撃ち抜かれて死ぬ」

怖い夢で目が覚めたとき冷や汗をかいていた。まだ身体はだるかったし眠かったので、再び寝ようとした。

すると、突然振動が始まった。幽体離脱して、視覚が働き出したら、私は自分の部屋の中にいた。人の気配を感じて目を向けると、銀色のぴったりスーツという、いかにもというスタイルの宇宙人が床に正座している。顔はどこにでもいそうな普通のおばさんだった。金髪でも美人でもなんでもない。

彼女は「私はセムジャーゼといいます」と名乗った。

彼女は言った。

ウマイ話には
裏があるものよ
頭に手術すると
超能力が開花し
不死になります。
どうしますか?

「あなたの頭に手術をすると、様々な超能力が開花し不死になります。どうされますか？」

それを聞いて、それはいい話だと思った反面、「いや、まてまて、頭の手術なんてぶっそうだし、その見返りに彼らは大きな義務でも課してくるんじゃないのか」なんていう心配も心をよぎった。というのは、さっきの雪山で殺された男の後継という感じがしないでもなかったからだ。ここはちょっとX氏に相談してからにしようと考えた。

それで私は「しばらく考えさせてもらっていいですか？」と言った。

すると視界がブラックアウトして、彼女の声が聞こえた。

「春の間であればいつでもいいです」

セムジャーゼは去って行った。


勝手に手術したりせず、ちゃんと意思確認をするところが律儀な宇宙人です。

セムジャーゼはＵＦＯに興味を持つ人たちの間では、プレアデス系宇宙人という話になっているのですが、ＵＦＯにはあまり興味がなくて詳しいことは知りませんでした。

「頭に手術をしないか」と持ちかけられたわけですが、三日前から付いているヘルメットは、なにか関係あるのかと思えてきます。

✡宇宙人は天使の役割

二月二十六日

研究会で先日の宇宙人の話をしたら、メンバーの一人は「俺なら即OKするのに」と言った。ヨガの女の先生は「なさけない！　手術するかしないかくらい自分で決めなさいよ！(笑)」と言った。

X氏は言った。

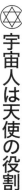

「セムジャーゼはおそらく本人ではないだろうが、それに近いところの存在だろう。彼女の顔は公開されておらず、年齢的にはおまえが見たのと一致している。セムジャーゼは小天使だ。私は二十歳くらいのときにそのような存在と会った。それは頭を整髪する理髪師として現れた。

小天使は大天使と違い、人間の「気」から物質レベルにまで干渉することができる。頭をいじくるということは、つまりサハスララチャクラを開くということで、周天法を行うことと関係している。

サハスララは自力で開くことはできない。それは一オクターブ上の世界の住人の助けが必要だ。それは大天使だったりグル（導師）だったりする。

サハスララが開くプロセスは、大天使の前に小天使がやって来る。

一度開くプロセスが始まると、小天使はしばらく滞在し、半年ほどかけて仕事を終える。

私の場合、その期間、頭が万力で締め付けられ、上のほうに引っ張られる感触が続き、青い光のリングが体の周りを回っているのが見えていた。

セムジャーゼはおまえの霊統と関係している。


にしても『春の間ならいつでもいい』というのは面白いね。申し込み受付期間みたいで」


私はセムジャーゼにOKすることに決めました。別にもう一度幽体離脱して彼女に会う必要があるとは思いませんでした。どのみちセムジャーゼは私のアストラル界にいるのだし、そのように自分が決意を固めれば充分でしょう。

もちろんUFOに拉致されて手術されるなんて考えているわけではなく、「気」やアストラル界での話ということは理解していました。セムジャーゼが出てきた後、私はだんだん妖しい世界に突入していきます。

●視界が真っ白に輝き、体が熱くなる

三月三十一日

体脱を試みていたら、突然視界が真っ白に輝き、同時に体がかっと熱くなった。あまりに熱いので布団をけとばしてはぎとった。だから体脱は失敗してしまった。この後から頭の経絡を指圧されるような痛みが続くようになる。

これは、一週間後に来る次の体験の予兆だったのではないかと思うのです。X氏が言った「万力で締め付けられる痛み」とは違うのですが、頭に痛みが続くのが始まったのでした。これはズキズキする頭痛とは異なり、文字どおり指圧されるような痛みです。

●クンダリニーが上昇？

四月六日

寝転がってダークミラーをしながらうとうとしていた。ふっと意識が遠のいた瞬間、突然、尾てい骨からシュウシュウと音がして、背骨にそって太い気の流れが上昇し始めた。暖かいお湯のようなものがムクムクとのぼってくる。すぐにクンダリニーが開いたのだと理解したが、寝転がった姿勢で上昇したら絶対にやばいと思った。座った姿勢でないと、

エネルギーがどこにリークするかわかったものではない。偶発的な上昇は絶対に避けるべきなのは常識だ。必死に抑えようとしたが、急上昇してくるので、止めるのは諦めた。後はできるだけ無害に抜けてくれることを祈るくらいしかない。全身の力を抜き、抵抗するのをやめた。この間、数秒の出来事だった。

音はどんどん大きくなって、シュゴゴゴーッ!!という轟音とともに、エネルギーが頭頂をぶち抜いて出ていった。エーテル体の網状組織がブワッと風船のように膨らみ、エネルギーが抜けていくとそれはしぼんだ。

目を開けると視界は暗かったが雲のようなものが漂っていて、赤い光を発していたが、それはすぐに消えた。なにもなかったかのように静まりかえった。

しかしこのあと、せいぜい一日中元気が出たくらいのもので、いつもとほとんどなにも変わったことはなかった。偽のクンダリニー体験に終わったらしい。

先日から続いていた頭を指圧されるような痛みはこの後で消えた。

クンダリニーとは尾てい骨の中に眠っている蛇によって象徴される、霊的な火のエネルギーといわれ、これが覚醒すると背骨にそって上昇し、頭頂から抜けていきます。そしてそれが起きた行者は、超能力を獲得したり解脱したりするといわれています。

しかし心身ともに準備が整わないうちにこの力が目覚めると、耐え難い苦痛を伴う不治の病や、重度の精神障害を引き起こすといわれていて、私の耳に入ってきた話では失敗してひどい目にあった例のほうが多いのです。昔からハイリスク・ハイリターンで修行坊主の禁断の果実だったのがクンダリニー覚醒の秘法です（笑）。

しかし夢の次元、つまりアストラル界の領域でクンダリニーが覚醒するという話もあり、それはほとんど実害がないといわれます。これはおそらくそれに類するものでしょう。ところで宇宙人なのですが、実はかなり以前にこんな話がありました。

●宇宙人の女の人を紹介してあげよう

九〇年五月五日

バトラーの写真が載っている『実践的魔術と西洋密儀の伝統（"PRACTICAL MAGIC AND THE WESTERN MYSTERY TRADITION"）』という本をハワイに住むS氏から送ってもらった。このとき初めてバトラーの顔と、バトラーがすでに亡きことを知った。予想はしていたことだけど、ちょっとショックだった。（S氏は後に研究会のメンバーになりました。）

X氏にこのことを話すと、「おまえはずっとバトラーのやり方でやってきたけど、そろそろそれも終わりで、次のステップに入る時が来たということだろうね」と言った。

このとき「私の知り合いの宇宙人の女の人を紹介してあげよう」とX氏は言った。幽体離脱でこれまでとは違う高次の世界につれていってくれるガイドのような存在という意味合いだった。

この当時、幽体離脱でいかに高次の世界に行くかを探求していた時期なのですが、同時に大きな勘違いをしていた時期です。幽体離脱で幻想的な妖精界や、宇宙のかなたの惑星に行ったところで、よくできた遊園地のアトラクションを経験するのと大差はないです。それが高次の世界というわけではありません。高次の世界に行くというのは、世界認識の仕方が変化することです。そのような特殊な注意力が人間には眠っています。

宇宙人を紹介してあげるという話を、このときは真に受けていたのです（笑）。

X氏がそれを私に告げたときの状況や雰囲気は、ちょっと尋常ならざるリアリティがあって、顔色一つ変えず、ニヤニヤしたりすることもなく、二人きりの静かな部屋の中で、当たり前のようにそういう話をしたのでした。また当時、メンバーの間では、X氏は、そういうことができる人だと、信じられていたのです。それにまつわる伝説と逸話を、古参メンバーはよく話してくれたものです。

しかしいつまでたっても、宇宙人は現れないので「ありゃ一杯くわされたのかな」なんて思ったりもしたのですが、その後、セムジャーゼと名乗る宇宙人はやってきました。私にとっては嘘にはならなかったのです。ただX氏は、私のセムジャーゼの話を聞いて、「それ私の知り合いの宇宙人だよ」とは言わなかったのですが（笑）。

自分の実生活にアストラル界が侵入してくるのに気づくと、だんだん偶然とは思えなくなってくるものです。しかし同時に両者を区別し、突き放して見ていられる冷静さが絶対必要です……といっても、その魅惑に勝つことは、かなり難しいでしょう。面白すぎるのです（笑）。

✡大天使を呼んだ日

九三年二月に、決定的なある出来事が私に起きたのですが、その前に、研究会で行われた、あるワークのことを紹介します。

●徹夜ワークと大天使の召喚儀式

九〇年五月十七～二十一日

十七日、X氏はたいした前触れもなく「徹夜ワークをするから玄米一キロ持ってうちに来るように」と言った。メンバー数名が集まって、その日から五日間徹夜するのだという。五日目には長野に行ってなにか儀式をやるらしい。その前準備として徹夜する必要があるのだという。

一人で五日も寝ないでいるのはかなり難しいが、集団でやればそれも可能になる。徹夜に参加しない番人を用意し、番人は少しでも眠りに落ちそうな人を見つけると起こす。またお互いに起こし合うようにする。

一日の徹夜は多少ハイになるくらいだが、二日、三日と過ぎるにつれ、幻覚が出現し、いろいろと普通では見えないものが見えてくる。またメンバー間でテレパシーのような現象も起きる。

X氏は徹夜につきあうこともなく、いつも決まった時刻になるとグーグー寝てしまった。朝になるとX氏は土鍋で玄米ご飯を炊いてくれた。食事は三食とも、玄米ご飯とコンニャクのみ。飢えているというのもあったが、X氏の炊く玄米ご飯は妙においしい。

こういう生活を三日も続けていれば幻覚が見えるのも当たり前だが、まったく無根拠なものを見ているわけではないらしい。

「ベンジャミンの植木のオーラを見ていると、葉の陰にコビトのような変な生き物がいるのが見える。研究会の巫女的存在だったT女史と見ていたのだが、彼女も同じものを見ている。

生き物に手を伸ばすと、それは素早く逃げた。そのとき枝がガサッと揺れ、その後でポンッとはじけるような音がした。それは二人とも確認していた。

隣の部屋からX氏が飛んできて「その木には生き物が住んでるから、おどかしちゃだめだ」と鉢を持っていってしまった。園芸店でその生き物がついていたから買ってきたのだという。そしてそういう植物は元気に成長するらしい。

徹夜などでハイになっているときは、こういうものが見えるということなのだが、見えないからいないし存在しないというわけではないのだ。なんらかの方法で、知覚を変化させれば、見ることができるというわけだ。

十九日にX氏は突然私に言った。

「おーさわは、追儺《ついな》はやったことあるの？」

「やり方は覚えているけど、あれはちょっと……」


それは五芒星型《ごぼうせいけい》の追儺《ついな》儀礼《ぎれい》と呼ばれるもので、魔術で結界を張るための儀式として使われます（詳細は6章を参照）。大天使を召喚する儀式なのですが、私は前々から、これを敬遠していました。

本当に天使が降りてくるとは信じていなかったのです。でもX氏は言いました。

「おーさわは、もうちょっとで彼らが出てくるところまできてるんだ。幽体離脱ができるようになった人々は、高次存在からずっとマークされている。だから呼べば彼らはやって来る。そして彼らが来たらすごいことが起きる。だからおまえは徹底的にこれをやらないといけない」

「えー、でも、なんかなぁ、あれはなぁ……」

「それじゃあ、一つだけ秘伝を教えてやろう。(ごにょごにょ)……さあ、やってみろ」

なんかやらざるを得ない雰囲気になってしまった。何人か見ている人もいる。

豚もおだてりゃ木にのぼるといった感じでやらされてしまった。

「でも、おーさわ、どうして手が震えるの?」

「上がっているんです!」私は顔を赤くして言った。

「まだ声のトーンが高いね。もっとできるだけ低くして腹から声を出せ。遠慮したり、気負いしたりしてはいけない。大胆にやれ。さぁ、もう一度」とX氏。

そんなこんなで、人前で何度も何度もやらされてしまった。

そして他の人にもやり方を教えるように言われ、四人でそれを練習した。

X氏は弟子たちの前ではほとんど感情を表さない人だったが、この時はなんかすごく面白そうな顔をしていた。

そうやって四日間徹夜ワークを続け二十一日にはメンバー全員で長野に出かけ、山奥で儀式が行われた。その儀式の開始は追儺によって結界を作ることで始められ、参加者はみな不思議な踊りを踊った。


儀式の内容は秘儀に属することなので公開できませんが（笑）、本書の中で追儺のことだけは書いておこうと思います。一見、幽体離脱とはなんの関係もないことに思えるかも知れませんが、これは幽体離脱の卒業スイッチの役割を持っているのです。

それで私はこの日から毎日（さぼった日もけっこうありますけど）何度も何度もこの儀式を練習したのです。

しかし大天使ってそもそもいるの？　どんなやつなの？　やって来てなにするの？　という疑問は払拭されたわけではなく、「X氏がやれと言った以上、まぁやってみるか」ということで、この一見バカバカしい儀式を練習したのでした。

でも、ついに彼らが降りてくる日がやってきたのでした。

✡大天使が来て死ぬかと思った日

これが「ある決定的な出来事」です。「パワースポットを偵察」で書いたとおり、私はこの時期、東京都内の大きな不動尊のそばに住んでいました。

●アナハタショック

九三年二月二十七日

深夜三時に、南の方角にロウソクをともし、五芒星型の追儺儀礼を行った。

これはアストラル界ではなく、現実で行った。

このとき「大天使」とたいしてわけもわからずに呼んでいた「彼ら」が降りてきた。

「彼ら」というようなものではなかった。それはある種のエネルギーだった。

四人の天使の名前を唱え終わったところで、なにか大きな力が胸に流れ込んできて、心臓の鼓動は急激に速くなり、また心の視野にはっきりと胸のアナハタチャクラが映り、クルクルと回転を始め、それはどんどん速度を増し回転花火のように火花が散るのが見えた。

限界を超えたらしく、いきなり心臓に激痛が走った。

激痛でその場に仰向けに倒れ込んで、口をパクパクさせ呻いた。

幽体が、つまり自分自身が小さくなって、自分の心臓めがけて落ちていった。

心臓に落ちていく経験は、今まで一度もなかった。この時点で制御権は完全に失ってい
た。これが死のプロセスなのかもしれないと思った。

「死ぬのか？　俺は死ぬのか？」そんなふうに自問したりもしたが、自分でも驚くほど、
あっさり諦めてしまった。

落ちるところまで落ち切ると、そこには赤と黄色の色彩うずまく空間があり、その中で
私は胎児のように両手をアゴの下で合わせ、腰をまるめた姿で丸くなった。

そのようにしようとしたわけではなく自動的にそうなった。

胎内に回帰したような気分だった。そのとき声が聞こえた。

「ここが胸の中心だよ」

そこではっと我に返ると、自分は肉体の中で意識を取り戻した。

あいかわらず心臓は激痛で、全力疾走したときのようにバクバクと鼓動を打ち続けてい
た。みぞおちがピクピクと痙攣している。

激しい運動をしたわけではなく、ただ呪文を唱え、身振り手振りを行っただけだ。

バトラーがこの儀式について『魔法入門』の中で書いていたことを思い出した。

「ある日、心臓に大きな痛みが走り、その後、はじめてこの儀式を有効に使えるようになる。その日を修行者は決して見誤ることはない」

「しかしこんなに痛いなんて一言も書いてなかったぞ！」と思った。

「確かにこれなら見誤りようがないのは当然だ」とも思った。

痛みはあいかわらず治まらず、うんうんと呻いて、のたうちまわっていた。

大天使がやってきたその日に死ぬことになるとは。

あまりに唐突に終わる人生、しかも変な死に方。

そんなふうに思うと、逆に笑いがこみ上げてきて、呻きながら笑った。

これまでの人生の出来事が走馬燈のように、次々と思い出された。死を前にした人がそんな経験をする話はよく耳にするが、このときの特徴は、その思い出された記憶は、みなそれまでの短い一生の中における断片にすぎないのだが、すべてに関連性があるということだったりする。

人生の一見つながりのない物語の断片が、みな回収されて一つの物語として完成し結末を迎えるように読めたのだった。単純に思い出しただけではなく、そこに流れる一本のストーリーを見たような感じだ。ただしそれは過去から現在までのものが見えただけで、未来が見えたわけではない。そして「今まで自分は、なんて生き急いでいたんだろう。父親を早くに亡くしたからだな」と思った。

この時点ですでに三十分が経過していた。どうやら死ぬことはないらしい。しかしいつまでこんな状態が続くのかはわからずとても不安だった。

深夜とはいえ緊急事態なのでX氏に電話したが、何度かけても留守電しか出ない。

「この緊急事態に頼りのX氏がこれかい！『ゲド戦記』では、若気の至りで危険な力を召喚してしまったゲドを、老魔法使いの先生は命を張って助けるんじゃないのか⁉

夜中の三時半だぞ！なんでいないんだよ！

女のとこかよ！あのエロオヤジ‼」

救急車を呼ぶことを考えたが、医療で治るようには思えなかった。

近所に住んでいるメンバーのS氏に電話をしたら来てくれた。

脈を数えてもらったら百二十だった。平時の倍以上ある。

「心臓に痛みが来ることは本に書いてあったけど、ここまで痛いとは予想外だったよ……」と私は言った。

S氏は「本当のことを書いたら誰もやらなくなるからじゃないですか」と言った。

「それもそうだね」と苦笑するしかなかった。

彼は「この土地の力が強すぎるのかもしれないから、家から離れたほうがいいんじゃないかな」と言った。

この状態で表を出歩く気にはなれなかったが、他の方法も思いつかなかったので、助言を受け入れた。

表に出ると不動の方角から強い粘り気のある風が吹いていた。

幽体離脱したときに感じる、あのねばっこい水の中にいるような空気感だ。

不動尊と反対の方角にある神社まで歩いた。だいたい不動尊の霊的気配は、この辺りで消える。ここから先は神社の勢力圏に入ることは以前から知っていた。

たしかに胸にかかる圧は減り、痛みも軽減されたがまだ充分とはいえなかった。

近所のX氏の家までS氏と歩いて行き、ドアを叩いたがいない。

つくづく頼りにならない。

しかたなく自宅のほうに戻ろうとすると、再び痛みが増すので怖くて近寄れず、神社の境内で夜が明けるのを待った。S氏は最後までつきあってくれた。

夜明けのころ痛みはほぼ完全に治まった。ヘトヘトで家に戻って昏睡した。

お昼ごろX氏の電話で目を覚ました。気分は最悪だった。

「どうして電話に出てくれなかったの？」と聞くと、

「寝てた」

再び寝て夕方四時に目が覚めたとき、みぞおちに、にぶい痛みが残っていた。

どこかにぶつけてアザをつくったような痛みだ。その後、数日間痛みが残った。


夕方に目覚めたとき、なにかが違っていたのです。

自分の意識に微妙な変化が起きたようでした。

正確にはアナハタショック（心臓の激痛）の時から、それは起きていたのですが、予想外の展開と心臓付近の痛みでそれどころではありませんでした。

幼少期からのたくさんの想い出の断片が想起され、一つの物語としてつながり、理不尽で納得できずにいた出来事すべてに、必然があったのだと理解したわけですが、そういう「理解力」が芽生えたようです。

このような力は誰でも持っていて、時々それが発現することがあるのですが、それがかなり恒常化したようでした。

●それはなんだったのか？

さて、追儺で起きたことはなんだったのでしょうか。実はいまだに充分にはわかっていません。私と同じような経験をした人たちの記録が、なにかの本に書かれていないか、あれこれ探しているのですが、『魔法入門』以外で書かれているものに出会っていません。原書の"The Magician (HIS TRAINING AND WORK)"で、バトラーは次のように書いています（大胆に超訳引用します）。

『ついには、その時がやってくる。形象を通してそれらの力が流れ込んできた時、修行者は疑う余地なくそれを知ることになる。いつものように型どおりの訓練を始めていたとしよう。と突然に、テレズマ像*を心の視野に形成するにつれ、通常の意識とは無関係に意志が発作的に噴き上がり、それは心臓の痛みにも近くなる。先立つ瞑想で実感に努めていたものが突然として精神の中に具現化し、言葉を振動させるにつれて戦慄に似た畏敬の念が突然に押し寄せ、人格はそれを通じて溢れ来る高次の力に打ち震える。そして魔法の〝名前〟と〝言葉〟には威厳と力とが生じ、声は真の魔法の〝調子〟を伴って〝鳴り響き〟、人格を通じて支配者たちの力を注がれる。テレズマ像はそれらが表している存在が放射する生命力と光によって、息づき、輝く。

このの ち修行者はこの儀式を効果的に行使することができるようになる。』

＊テレズマ像……霊的な力のシンボルとしての像で、主に天使や悪魔のイメージが使われるので、天使像などと呼ばれる。

自分の周囲に身振り手振りで十字や五芒星を描き、その形象を通じて力は流れ込んだとはいえそうです。それまで瞑想で実感していたアナハタチャクラが、明確に心の中に現れ、高速回転するヴィジョンを見ました。「戦慄に似た畏敬の念」というよりは、心臓に落ちていくとき、「なんじゃこりゃー！」という驚きがありました。「痛みに近くなる」どころか、通り超してしまいましたが。それから、天使の姿は見なかったです。

この種の神秘体験をどのように表現するかは、その人の人格や信念により様々に変化するでしょう。人それぞれ異なる表現を使うと思います。

エネルギーが胸に流れ込んで来たのは確かな実感で、そのおかげでのたうちまわったのは、これはゆるぎない事実です。ただ四種類の力が降りてきたとは思えず、それは一つの力だったと思います。なにか未知の力が流入してきたというところでしょう。

この力のことをバトラーは「支配者たちの力」と表現していますが、未知の力をどのように表現するかはその人の世界観次第でしょう。

それから「ここが胸の中心だよ」という、何者かの声を私は聞いています。セムジャーゼおばさんのような、アストラル界の住人の一人が、そばに来てなにかしたのかもしれない、などとも思ったりします。

実際、そういう存在を呼ぶ意志をもって、儀式を行っていたわけですし。

X氏はこの出来事を次のように説明しました。

アストラル界からエーテル体に力が降りてきたのだ。アストラル体のアナハタチャクラとエーテル体のアナハタチャクラは心臓付近の位置で重なって存在している。しかし最初、双方はつながっていない。追儺によって大天使が来ると、それを接続していく。

双方のチャクラが連結されると、すべての物事の背後に意味があることがわかるようになる。普通は見えないだけで、元々そういうものなのだ。

アナハタの連結は、生きていく上であきらかに、人生により大きな精神的自由を与えてくれる。それは村から出てもっと大きな町を知るようなものだ。

こういう体験には、もっと強烈な宗教的感動といった体験に行きつく場合もある。

村から町、町から国、地球、太陽系、銀河系……と、枠の広がりはきりがないが、一つ越えるたびにより自由にはなっていく。

しかしもっと大きな経験は、おーさわの場合、もっと後にくる。今回のはまだ予兆にすぎない。大きなのがきたときには、幽体離脱も今回のも屁みたいなものだったとわかる。

✡アナハタショックの後日談

●妖気渦巻く不動尊のお祭り

九三年三月二十八日

不動尊のお祭りに知人と出かけた。不動境内に入りそこを通り抜け、夜店が立ち並ぶ商店街に歩みを進めた。

そこでまた心臓にあの痛みがぶり返してきた。先に進めば進むほど胸の痛みは大きくなる。これはまずいと元来た道を引き返した。それにつれて痛みは嘘のように引いていく。もう一度行って確かめてみようと、再び先に進むと、また痛みがひどくなる。

最初は軽い圧力として感じるだけだが、先に進むとどんどん圧は高くなり、痛み始め、それ以上先に足を進めることができなくなる。

念のためもう一度引き返して再接近した。やっぱり同じ。この場所でぶっ倒れるのは嫌だったので、おとなしく退散した。アナハタショック以前はこのようなことはまったくなかったのだが。

胸に流れ込んでくる力は、場所が関係しているようです。そういう力が濃くある場所と、少ししかない場所があり、胸のチャクラでその力の強弱を感じ取っているようです。強すぎると痛むのです。

この出来事はこの日限りで、後日は同じ場所に行っても胸が痛くなることはありませんでした。祭りの日、あの場所には、妖気が渦巻いていたのかもしれません。

●猫バスに押し潰される

四月二日

夕方、うとうとしていると、突然重たいものが、のしかかってきた。最初寝ぼけていて、女が突然訪ねて来たのかと思った。しかし違うらしい。腹から顔にかけて、なにか細長い生き物（少なくとも生き物の感触だ）が寝そべっているようす。人にしては小さいのと、あまりにも重たい。手でどけようとしても、つきたてのモチのようにグニャグニャしていて、押しのけることができない。生き物は小刻みに震えている。金縛りとは様子が違う。ズシッとさっきより重たくなった。体を動かして、はね飛ばそうとしたが、そしたらますます重たくなり、これ以上重くなったら肋骨を折られそうだった。まったく身動きできなくなってしまった。

怖々目を開けると、それが猫のようなふわふわの毛で覆われているのはわかったが、顔の上にも覆い被さっていて全貌は見ることができない。たくさんの足と乳房があるようす。「となりのトトロ」に出てきた猫バスみたいなやつなんだろうか。

どうしても離れてくれないので、追儺の呪文を唱えてみることにした。最初の一音を振動させるか、させないかのうちに、それはバッと跳躍し私の体から離れた。重さは一気に消え、まともに呼吸できるように

なった。起き上がって周囲を見回したが、なにもいなかった。

X氏はこの経験を次のように説明しました。

「それは、眷族《けんぞく》だよ。アナハタが動き始めると、そういう妖怪みたいなのがいっぱい集まってくる。光りに集まってくる蛾のようなものだ。追儺をすると、その手の生き物は一瞬で分解する。その生き物が極端に重いというのは、まだまだおまえのアナハタは弱いってことだ」

アナハタショックがもたらしたもの

アナハタショックは、物事を見る新たな注意力をもたらしました。それまで目の前にありながら、見えなかった、わからなかった、オカルト的な物事に、次々と理解をもたらしていきました。

大天使がやって来るようなことがあれば、ますます魔術にのめり込みそうなものですが、事実は逆で、熱病に感染して変な夢でも見ていたのではないかと思ったほどです。

その後、私はタロットカードに夢中になっていきました。それまではただの占いカードだと思っていたのですが、X氏は過日、「あれにはまると、人生踏み外すくらい面白いんだ。

おまえはその醍醐味を知らない」と言っていたのです。アナハタショックの後、やっとその意味がわかったのでした。

また、X氏がどのように私をうまく導いていてくれたか、その仕組みに気づきケラケラ笑いました。そしてその手口の巧妙さに舌を巻くとともに、X氏に対して師匠イメージを投影することを控えるようになりました。彼もある意味では普通の人だったのです。

アナハタショックがなかったら、遅かれ早かれ、X氏のことを詐欺師だと罵っていたかもしれません。そういう結末に至らなかったのが奇跡に思えます。魔法は成功したのです。だから私にとってX氏は魔術師です。

研究会は九三年六月に解散しました。X氏の研究会は、必ず終わりの時があるのがよいところです。組織の形骸化による腐敗がなく、また、いつまでも弟子を呪縛しないのです。これはグルジェフのいう「第四の道」です。解散は時にはメンバーたちに大混乱を引き起こしますが、腐敗の先には破滅が待っています。それよりはましです。

道を探求する上で、第一の美徳は「識別」です。

この界隈には、実に様々な教えが存在します。理屈で丸め込まれてしまったり、ちょっと変わった体験をしただけで舞い上がってしまったり、またその体験に過大な価値観を与えられ、自尊心をくすぐられて盲信してしまうこともあります。
なにが正しいかは、「頭」ではなく「胸」で考えましょう。そうすれば、どのような結末になろうとも、悔いを残すことはないでしょう。心ある道を歩んだのですから。

これで私のおはなしは終わりです。
次は読者自らが、アストラル界の冒険に出かける番です。
アストラル界は、その人の真の願いを聞き届け、やがて現実を書き換えていきます。
読者の旅が、祝福されたものになることを願っています。

第6章
幽体離脱を超えて

✡幽体離脱は自己の目覚め

幽体離脱でアストラル体の中に目覚める経験は、それまで肉体そのものが自分だと思っていた自己イメージが書き換わる瞬間です。肉体から離れても、アストラル界という別空間で、自分は目覚め続けています。

とはいえ、この状態が死後も存続するのだ、といってしまうわけにはいきません。肉体というロウソクが燃え尽きる時、魂の炎も消えるでしょう。しかし魂はロウソクという肉体とは異なるものだ、という認識はもたらしてくれるでしょう。事実、肉体を離れ、夢見の世界（アストラル界）で目覚め続けているのが幽体離脱です。

一旦、肉体というアンカーを切り離したとき、その上部にある魂体の中で、自己が強く意識されます。それまでの肉体という強い刺激によって、魂体の中の自己の影は薄まっているのです。明るい日中、星の光が見えなくなっているのと同じです。でもそれはなくなっているわけではありません。つねに存在しているけれど、見いだせずにいるだけです。

人は生まれた環境が用意してくれたものの中で育ちます。二十代半ばくらいまでは、自分の人格や才能など、それを自分の力だけで獲得したように思っているかもしれませんが、それは親や地域社会からもらったものにすぎません。それに恵まれる人もいれば恵まれない人もいます。しかしどちらにせよ、それはお仕着せの服を着せられているようなものです。幽体離脱は最初の自己発見です。自分自身に偽りなく、幽体離脱に成功したという確信を得られたとき、それはその人がはじめて真の自己を想起した瞬間です。

今までに「これは幽体離脱なのでしょうか？」と質問してくる人がたくさんいました。それにはほとんどの場合「多分違います」と答えてきました。自転車に乗れるようになった人が、「私は自転車に乗れていますか？」と質問してくることなどありえない話です。

幽体離脱では夢の中で目覚めていることが必須なのに、そのときそれをはっきりと自覚していなかったのであれば、まだ充分に目覚めていないのです。おそらく一瞬のことで終わってしまったからでしょう。それでは不十分です。他人に依存せず、確信が持てるまで何度でもくり返してやってみましょう。どのみち他人は、筆者も含め、あなたが体脱したかどうかなど、見えやしないのですから。

夢の中で目覚めていることには二つのステージがあります。

まず一つめは「これは夢だ」と気づくことです。二つめは「それでも私はここに居る。私は在る」と、自己想起する状態です。夢の中で夢だと気づいても、観察者の自分自身に注意がいかなかったのであれば、それは半分しか成功していません。外界を見ている自分自身も想起できれば成功と言えるでしょう。

ただ筆者の経験上、幽体離脱の状態のときは、自分自身と外界、両方同時に注意が働くように思うのです。自覚夢は「夢だと気づく」ところ止まりなのが多いのですが、幽体離脱はまず確実にステージ2まで行きます。

この経験を経た後で、その人は急速に変わっていくでしょう。もうそれまでの自分ではいられなくなるはずです。お仕着せの服では我慢できなくなっていくでしょう。その変化の初期の段階では、幽体離脱に原因があったことなど、夢にも思わないでしょうけど。

そして、いろいろとやっかいな人生が始まるのです。そのまま環境が用意してくれたレールに乗っていたほうが楽かもしれません。しかし、そのときからはじめて人は、真に生き始めます。前よりも生き生きと自由に、そしてより大きな危険を伴いながら。

✡隠されている高次の精神機能

自己の彼方には、さらに高次の意識が存在します。高次の意識については、何世紀にもわたって、数々の宗教やその指導者たちが、その意識に「目覚めよ」と、説いてきました。しかしこの領域は理論的に扱うことが極めて難しいと筆者は思います。究極的には通常の自我

図6-1　高次の意識を構成する要素

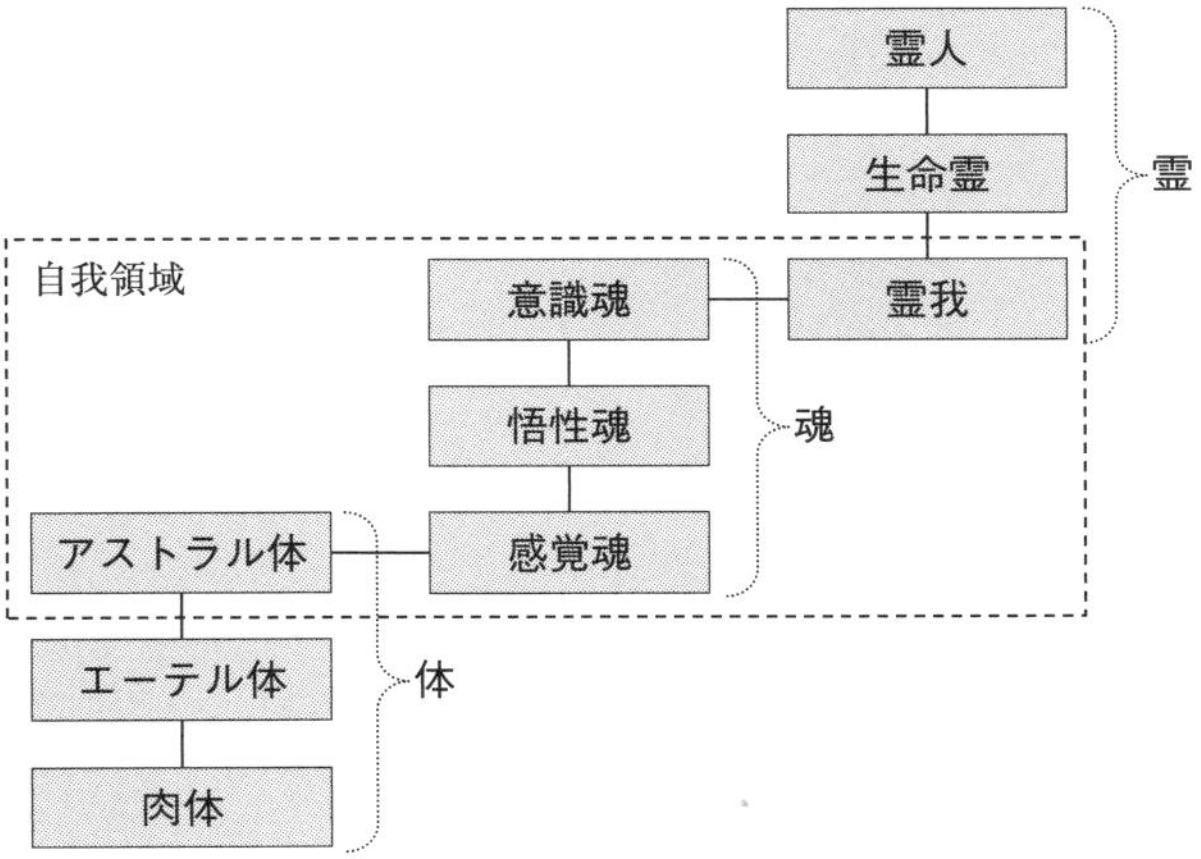

を超越した真我に目覚めることだからです。意識は魂体である自我の範囲で生じ、真我はそれを超越しています。

理論は思考によって組み立てられたもので、この領域に歩みを進めると、理論は無力です。川を渡るのに使ったイカダはゴミになります。高次の意識に開眼した人々の言葉は、寓意や詩のような体裁をとっていることがほとんどです。

シュタイナーは高次の意識を構成する要素として「霊我、生命霊、霊人」があり、霊我は魂体の意識魂とつながっていると言います（図6－1）。この三分節が、「体」「魂」に続く人間の「霊」的側面です。自我がアストラル体、エーテル体、物質体に働きかけ、これら三つの高次の精神機能が開花していくというのです。それはどんな能力なのかというと「超感覚的認識」とか「秘密文字を読める能力」とシュタイナーは言います。

グルジェフも人間の精神には「高次感情センター」と「高次思考センター」が隠されていると述べ、それぞれ「神話を理解する能力」「象徴を理解する能力」だと述べています。

二人の表現には、ある共通した特徴があるように思えます。普通の人が見たり読んだりしても、そのまま普通のものにしか見えないし読めないものが、なにか別の視点から見えたり読めたりするようです。そういうと物語や記号や絵を見るときにのみ働く認識力のように思われるかもしれませんが、私たちの日常生活はそのまま物語とみなせるし様々なシンボルに満ちあふれています。

それは、世界を常識とはまったく異なる視点から捉える認識力らしいということです。テレパシーとか念力とか透視能力といった超能力の類とは違うようです。

筆者はこの認識力の片鱗を見たとは言えます。アナハタショックで起きたことがそれでした。この高次センターとわずかながら接触が起きたとき、私は初めてX氏の特殊な能力のタネを見たように感じました。

X氏のタロット占いや占星術は神業クラスで、確かにやり方はみな教わるけれど、誰もX氏のような読み手にはなれませんでした。仲間内では、「あれは絶対なにか特殊な秘伝があるに違いない」と言う人もいました。通常の思考や感情で、理論的に回答を導き出しているとは思えなかったのです。最初は思考や感情でそれに接近を始めるしかないのですが、それだけでは越えられない壁があります。

アナハタショックが起きた後、タロットが私に次々とそれまで見えなかったことを開示していくのを見たとき、秘密文字を読む力、象徴を理解する力、と説明される理由を悟ったような気がしました。しかし、高次センターの働きは、この程度のものでないことは、様々な書物を当たれば明白で、筆者が知ったのはほんの片鱗にすぎません。

幽体離脱に成功したとしても、死後の生があるという認識には至ることはできませんでした。しかしそこからさらに自己の内に目を向け、高次の認識力を発達させていくと、死をも超越した視点が開けてくるようです。様々な聖典がその先を示唆しています。ただし、段階的な発達の末、ゴールにたどり着くと限ったことでもないようですが。

筆者が幽体離脱をできるようになった当時、それはまだ伝説的に語られるような術でした。誰もできるなんて思っていなかったのです。しかし、それはできたし、半ば来るわけないと思っていた大天使もやって来ました。だからその先に行くことも、世間で思われているほど困難なことではないような気がしています。

ですが、この先の領域は「聖なる狂気」ともいわれ、ブッダや老子や、その他にも多くの人々がその境地に到達したことが語り継がれていますが、そこに入ってしまうと、もう普通の人ではいられないようなのです。彼らは、まったく超俗的な視点から世界をながめているように思えます。

そして彼らの生き様を知った上で、「本当にそんなふうになってもいいのか?」と自問すると、筆者はまだまだ、ためらいがあります。X氏とそんな話をしたことがありましたが、彼いわく「死の三日前くらいに開眼するのが最高だろうね」と言いました。

超力招来!…「力」を呼ぶ

幽体離脱は通過点としては重要ですが、その先があります。筆者が辿った足跡を残しておこうと思います。幽体離脱でたくさん遊んで「こんなことをしている私とは何か?」と思い始めたら、これから示すメソッドを実行するとよいでしょう。

このメソッドは「五芒星型《ごぼうせいけい》の追儺儀礼《ついなぎれい》(Lesser Banishing Ritual of the Pentagram)」と呼ばれる一人で行う魔法の儀式です。バトラーの『魔法入門』に詳しく書かれていますし、数々の魔術本に様々なバージョンが掲載されていますが、あらためて筆者なりに解説してみたいと思います。

この儀式は、四人の大天使を、呪文を唱え召喚《しょうかん》します。ただし映画に出てくる天使のような、言葉を話す人格的な存在だとは考えないほうがよいでしょう。

アストラル界にいる高次生命体という感じもするのですが、実際問題として「彼ら」が降りてきたときには、巨大なエネルギーだと感じるでしょう。その力はアストラル界に流れている自然界の諸力といわれます。

しかし毎回そんなものに感電していたら身が持たないし、めったに降りてくることはありません。それは、この儀式が持つ特殊な側面です。しかしその時が来て、はじめてこの儀式は有効に使えるようになるとバトラーは言います。

普通、この儀式は、場の空気感（オーラ）を浄化し、外界からのメンタルノイズを遮断する心霊的結界を作るのに使われます。他人や場の空気が読めるものだということを思い出して下さい。逆に言えば人々の思念や感情は、空間を伝わり、その場に溜まることすらある〈物質〉なのです。この儀式に慣れるにつれて、それがわかるようになるでしょう。

●呪文の発声法

呪文は、普通の声で唱えても効き目はありません。できるだけ低い声で、できるだけ声をふるわせるように発声します。声は腹から出すように。

もし、実例が知りたいと思ったら、ユーチューブなどで、"Lesser Banishing Ritual of the Pentagram"で検索すると、様々な実演動画が見つかるでしょう（筆者はひきつりながら見ました（笑））。

原語の発音は関係ありません。密教でもサンスクリットから音写された真言を唱えますが、それは元の発音からはかけ離れたものでしょう。

発音と呪文の振動は関係ありません。

呪文は気合いのようなもので、唱える本人の精神的な姿勢に左右されます。だからボソボソとつぶやくような発声なら、気合いが入っていないので、呪力を持つ言葉として機能しません。

呪文を振動させることは、無意識では難しいものです。意識的に喉をふるわせないと、そのような発声はできないでしょう。つまり注意力を働かせ続けて唱えるところに意味があるのです。

●大天使を召喚する

自分の喉と声に集中して、呪文を振動させ続け、真剣に呼ばなければなりません。儀式を行っている最中、一切雑念を入れてはなりません。

①カバラ十字を切る

東に向かって立ちます。方位はコンパスを使って、正確に合わせます。部屋は閉め切ります。昼でも夜でも好きな時に。

印を切る手は、利き腕を使います。両刃の短剣（dagger）を手に持って行うのが本式なのですが、ダガーは二〇〇九年、日本の法律で所持が禁止されてしまいました。海外には機能美を兼ね備えた芸術品のダガーがたくさんあるのに残念なことです。刃のついていない儀式用の短剣は入手できるかもしれません（税関でひっかかるかもしれませんが）。グーグルで"athame"で画像検索をすると、かっこいいものがたくさん見つかるでしょう。

でも、そのようなものを使わなくても、手刀で充分です（図6－2）。小道具は雰囲気作りにはよいのですが、お粗末なものを使うと逆効果。最後にものをいうのは気合いです。

カバラ十字を切ります。

まず東を向いて立つ。

額に手を当て、「アテー（Ateh）（汝）」と振動させる（図6－3）。

胸に手を当て、「マルクト（Malkuth）（御国）」と振動させる。

右肩に手を当て、「ヴェ・ゲブラー（Ve Geburah）（峻厳）」と振動させる。

左肩に手を当て、「ヴェ・ゲドゥラー（Ve Gedulah）（慈悲）」と振動させる。

胸で両手を組み「ル・オラーム・エーメン（Le Olahm Amen）（永遠に、かくあれかし）」と振動させる（図6－4）。

額から胸に手を動かすとき、無限に伸びる垂直の光線を視覚化します。

右肩から左肩に手を動かすとき、無限に伸び

図6-2　印を切る手刀

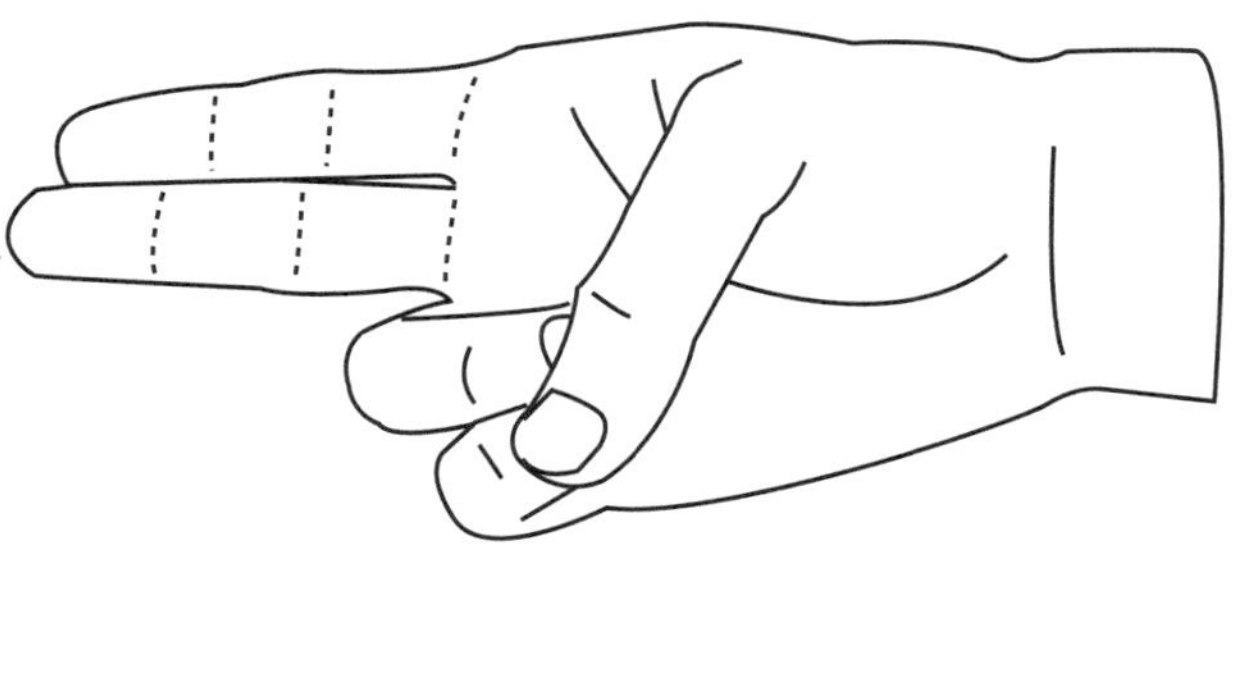

図6-3　カバラ十字の切り方①

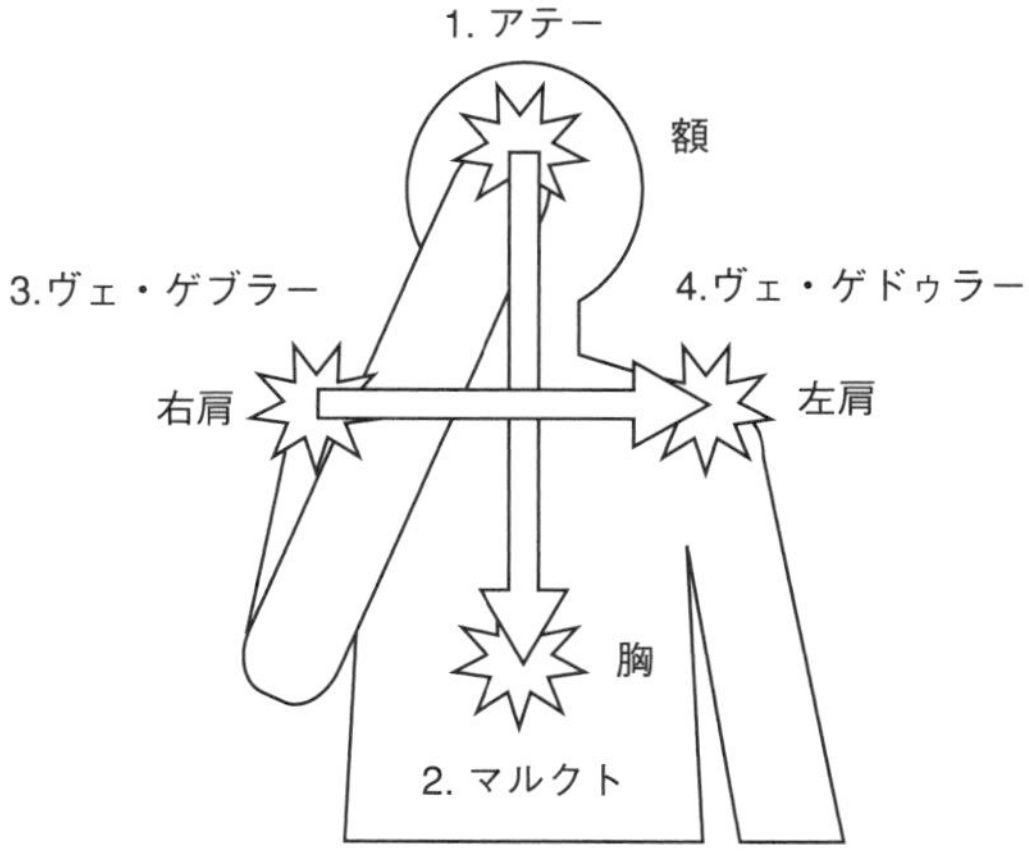

図6-4　カバラ十字の切り方②

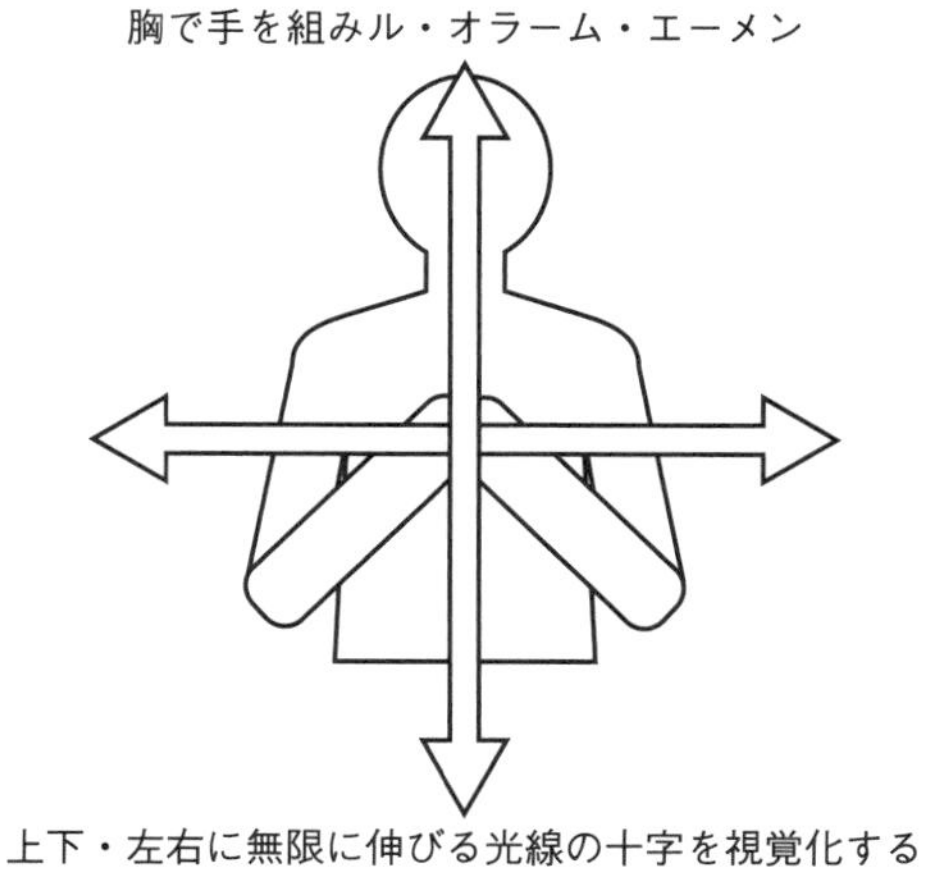

る水平の光線を視覚化します。

これで十字架を作ったことになりますが、この十字はキリスト教で使われるカルバリー十字ではなく各線が均等の「十文字」です。そういう十字を形成していることを忘れてはなりません。キリストの磔刑イメージと重ねないように。

呪文の意味を超訳すると「私がずっと無事でありますように」という祈りです（笑）。

某西部劇映画で、矢で負傷したガンマンの胸から、刺さった矢を引き抜こうとする人が、十字を切ってから、こん身の力を込めて一気に引き抜くシーンがありました。運が悪ければ大出血しておだぶつ。運がよければ助かる。そのような状況なら、神に無事を請願したくもなるでしょう。

大天使を呼び出すことは、それくらい危険なことだと思っておきましょう。時限爆弾の解体でもするつもりで。この儀式は決して遊び半分の気持ちではやらないで下さい。

②四方に五芒星を描き結界を張る

大天使という自然界の諸力を呼び出す前に、四方に五芒星で防壁を作ります。悪魔を呼び出す魔術師が魔法円を描くのと同じです。

左腰を起点に右手で五芒星を描く動作をしながら、それを視覚化します。五芒星は体から

図6-5　五芒星を描き結界を張る

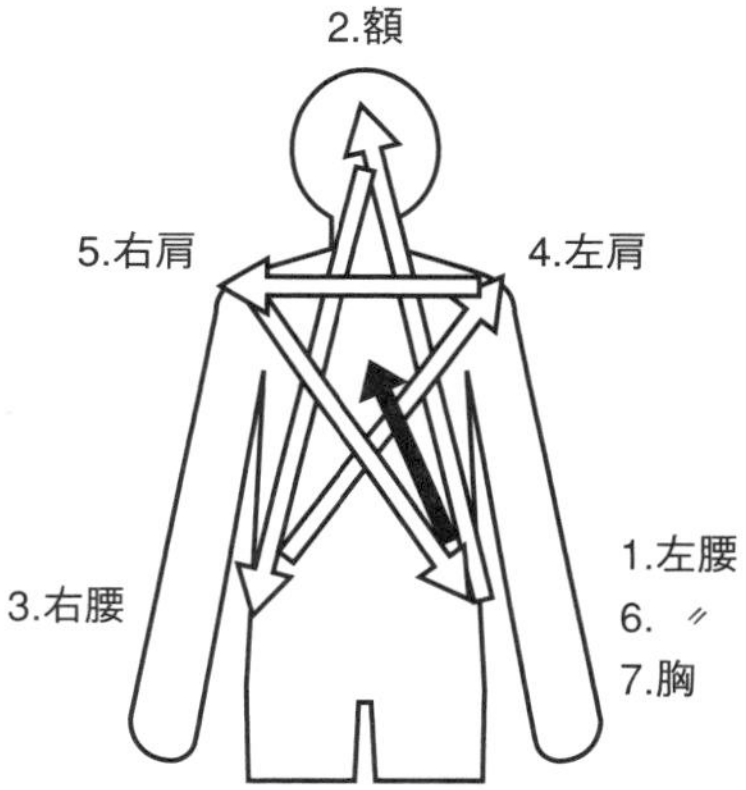

体の各部位に触れ、五芒星を描き、
最後に星の中央に切り込み呪文を振動させる

少し離した位置に配置し、それが燃え上がる様を視覚化します。描き終わったら、素早く手を星の中央に切り込み、呪文を振動させ五芒星に力をチャージします（図6－5）。

一つ五芒星を作り終えたら、左足を軸に右回りに向きを変え、順番に各方位に五芒星型《ごぼうせいけい》を配置していきます（図6－6）。

東に向かい、五芒星を描き、

「ヨッド・ヘー・ヴァウ・ヘー（Yod-Heh-Vau-Heh)」を振動させます。

右回りに体の向きを変え、南を向き、五芒星を描き、

「ア・ド・ナイ（Ah-Doh-Ni)」を振動させます。

右回りに体の向きを変え、西を向き、五芒星を描き、

「エー・ヘー・イエー（Eh-He-Heh）」を振動させます。

右回りに体の向きを変え、北を向き、五芒星を描き、

「アー・グラー（Ah-Gla）」を振動させます。

右回りに体の向きを変え、東に戻る。

「東南西北」と順次回転しながら四方に五芒星が描かれ、結界が張られました。

③四大天使を召喚する

東を向き、カカシのように両手を広げて全身で十字の形を作り、大天使の名前を振動させます。

図6-6　各方位に五芒星型を配置する

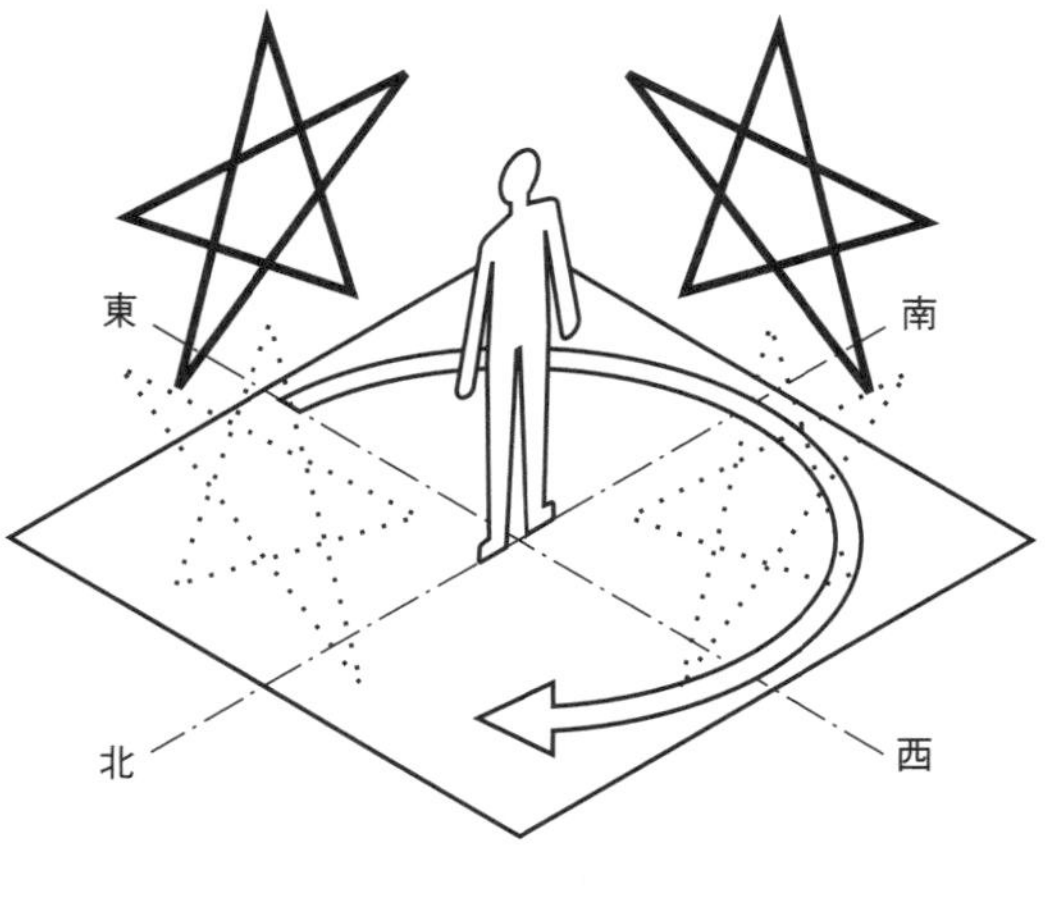

我が前にラァ・ファ・エル
(Before me Raphael [Ra-fay-el])
我が背にガァ・ブリィ・エル
(Behind me Gabriel [Ga-bree-el])
我が右にミィ・カァ・エル
(On my right hand Michael [Me-kay-el])
我が左にオゥ・リィ・エル
(On my left hand Uriel [Auriel])

各天使を呼びながら、その姿を視覚化します。天使像は、五芒星の向こう側に視覚化します。前後、左右の順で呼び出すのは、諸力の均衡を崩さないためです。

天使像は記号のように簡単なものがよいでしょう(図6－7)。シンボルなので、細密である必要はありませんが、服の色くらいは再

図6-7　天使像は簡単なものでOK

現しましょう。

天使像は巨大なものとして視覚化します。

肝心なのは、精密な視覚化よりも、四大元素（火土風水）の「気配」を想起することです。術者はこれを経験的に知っていることが大切です。

その意味では、田舎に住んでいる人ほど、このような気配を知っているはずです。知らない人は、野山や湖に出かけて、体感的にその気配をつかみましょう。特に湖は「水」の気配を知る格好の場所です。

視覚化するイメージは次のとおりです。こまかいところは、想像で補って下さい。

「風」の大天使ラファエル

朝。輝く朝の太陽。そよ風。

黄色の服、薄紫の光を放つ天使。

「火」の大天使ミカエル

昼。真昼の太陽。炎の熱を想起。

赤の服、緑色の光を放つ天使。

天使は鉄の剣を持ち、それが熱を放っている。

「水」の大天使ガブリエル
夕。夕日の太陽。
湖や滝の、ひんやりした水の気配。
青の服、オレンジ色の光を放つ天使。
天使はガラスの杯を持っており、杯は青い水が流れ出している。
「地」の大天使ウリエル
夜、深夜。麦、葡萄などの実り溢れる畑と、土の匂いを想起。
まだら模様（黄色、オリーブ色、あずき色、黒色）の服の天使。

天使を召喚し終わったら、カカシにしていた両手を降ろし、次のように語ります。
我が回りにはペンタグラムが炎を上げ、
頭上には六条の光線を放つ星が輝く。
(“For around me flame the pentagrams,
and above me shines the six-rayed star.”)

心の視野に形成した、四方の五芒星と天使のイメージを再確認し、頭上に輝く星を視覚化します。これは身振り手振りで立体象徴を空間に建築する儀式なのです（図6－8）。

④再度、カバラ十字を切って終了

「アテー、マルクト、ヴェ・ゲブラー、ヴェ・ゲドゥラー、ル・オラーム・エーメン」

無事に召喚を終えました。めでたし、めでたし。

この儀式は無宗教あるいは仏教徒の日本人には、親近感を抱けないかもしれません。筆者もそうでした。

しかし重要なのは、術者の心理的な姿勢です。立体図形と四大元素の気配を、鮮明に視覚化することと、呪文の振動が重要なのです。

名前や天使のイメージは「四大の力」の象徴に過ぎません。ここに信仰は不要です。四大元素の気配は、呼び名はなんであれ、万国共通に誰でもどこかで知っているものだからです。ですが、彼らが来ることは信じて行うべきです。

儀式を日本風にアレンジして、東洋的な神格名や呪文に変更してはどうかと考えたこともあるのですが、やめておくことにしました。少なくともオリジナルは、長年使われ続けてき

図6-8　四大元素の「気配」を想起する

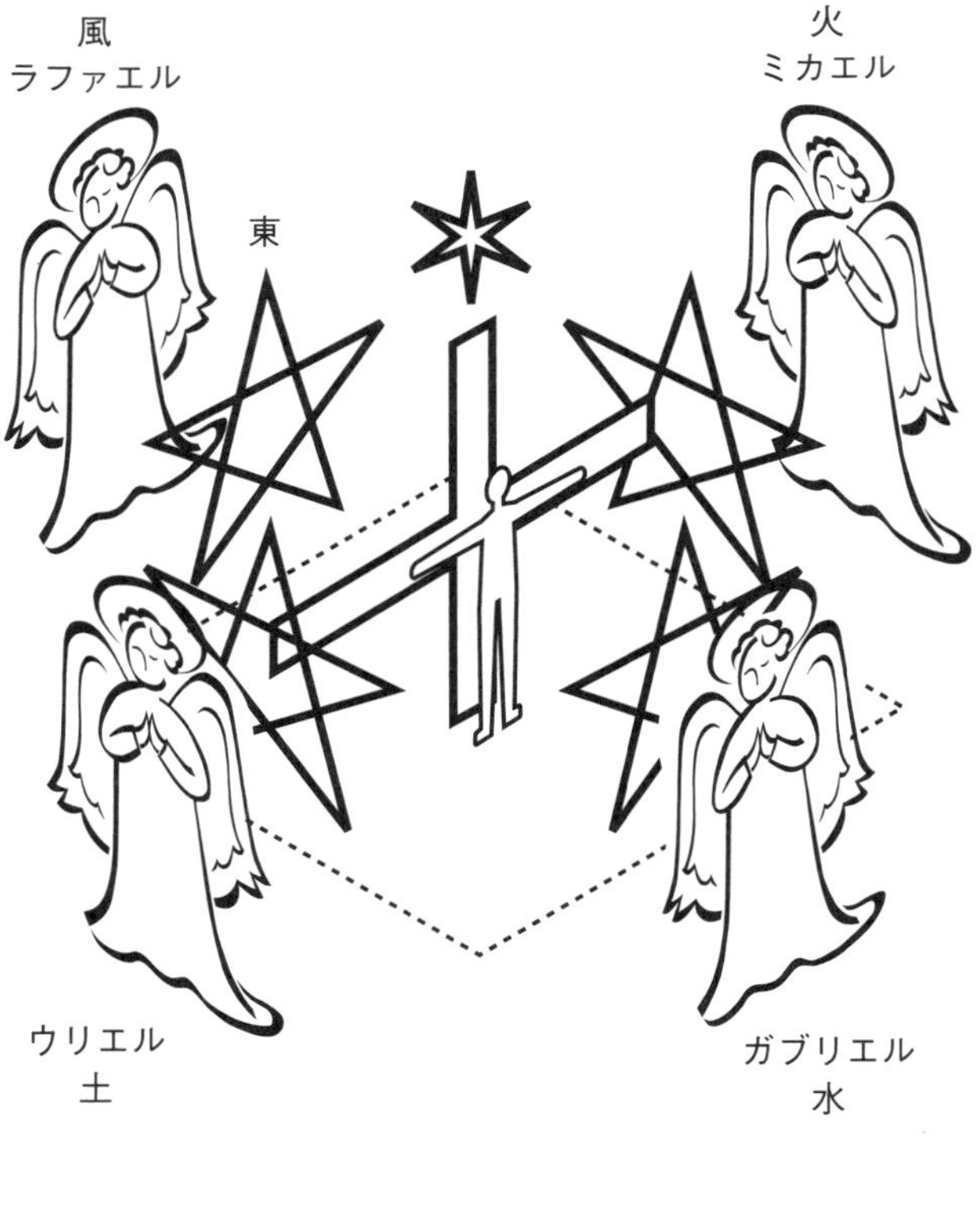

た実績があり、効果は保証付きです。

勝手に変えて効果が失せたり、予期せぬ結果が起きたりしないとも限りません。使えるものはそのまま使う。気に入らないなら他のものを探す。充分に知り抜いていないものを自分で改造しない。それが無難です。

呼び出されるのは、強力な心霊的生命的なエネルギーで、それが流れ込む先は、ほかならぬ自分自身です。改造に失敗した電気製品が煙を上げるのとは訳が違います。

●この儀式がもたらすもの

大天使たちが降りてくるまで、何度もこの儀式をくり返す必要があるでしょう。しかし呼ばない限り、彼らが来ることもないでしょう。

彼らが来たときには、幽体離脱がそうであったように、その人から、また一枚、眠りのヴェールが取り払われます。

それは一つの夢の終わりですが、より高次の夢の始まりです。

この儀式は、竜宮であるアストラル界の夢をリセットし、新たな夢、前よりも目覚めた夢につれていく玉手箱です。竜宮はついつい「長居してしまう」場所で、乙姫の幻惑の踊りは浦島を魅惑して虜にしますが、いつかは去らねばなりません。

ただし、この儀式は、非常に危険だと言っておきます。覚悟がないなら、決して行ってはなりません。玉手箱はむやみに開けてはいかんのです。

〈増補〉付章

幽界という異世界を旅する
希有な体験

✡ヨガ哲学から見たアナハタショック

本書が出版されてから数年後、アナハタショック（182ページ）と大変よく似た事を書いてある本に出会った。タイトルは『魂の科学』（木村一夫／訳、たま出版）。「いらないからあげる」と、知人が筆者にくれたのだ。

この本は、著者のスワミ・ヨーゲシヴァラナンダが霊視した人体の構造について書かれており、本場インドのヨガ哲学を伝えるものだ。読むのはなかなか骨が折れたが、数日かけて最後まで読み通した。退屈さとの戦いだったが、最後に「死の問題」と題する章があり、死の際に起きる内観経験が書かれていた。筆者はそれに食らいついた。引用しよう。

『「45肉体の死を霊視する」より

手足が重く冷たくなり収縮してくるのを感じるようになり、遂には肉体全体が全く動かなくなり、さらに脳内部にある意思鞘と理知鞘とがその働きを止めてしまいます。

次いで、ブラフマンドラの意思、理知、それにすべての感覚器官が五種の微細元素からなる球体とともに心臓部へと向かい、そこで原因体を取り囲みます。こうして、感覚器官の持つ力は五種の微細元素からなる球体中に納められますが、微細体のすぐ内側には、微細生気球、続いて我執球、次に心素球があり、中心には真我が納まっています。そして、真我がこれらの光り輝く球体をその周りに引きつけたまま、肉体から抜け出してゆくのです』

術語ばかりのこの引用だけ読んでも、読者はちんぷんかんぷんだろう。実は筆者もよくわかっていない（笑）。引用の中で「真我」というのはサンスクリット語でアートマンと呼ばれるもので、あらゆる生命体に宿っているとされる、死後も崩壊しない何かのことだ。もし輪廻転生というものがあるとすれば、肉体が死んだあとも崩壊を免れ、個人の個性を表す情報を保持できる実体がなければならないだろう。バラモン教では、人にも動物にもアートマンが宿っていて、肉体は滅びてもアートマンは不滅で、それが転生を繰り返すとされている。引用文中の「我執《がしゅう》」とは、「自分」とか「私」を生じさせる機能で自我意識。「心素」は記憶や感情。「意思」は考えたり空想したりする思考。「理知」は判断したり決定したりする意志。『魂の科学』にはそう書かれている。このような精神機能の切り分け方は、本書で説明した人間の仕組み（57ページ）とよく似ていることに気づくだろう。

健康なうちは、これら内的諸機能というか、精神の内臓とでもいうべき器官は、肉体の中に根を張るように広がって活動しているが、死に瀕して心臓が止まりそうになると、触手を引っ込めるようにアートマンを中心に心臓に集まり、やがては肉体から出ていくということらしい。

これは筆者がアナハタショックで心臓に落ちていった体験と大変よく似ていると感じたが、まだ死ぬ時ではなかったらしい。死後の領域に出ていくことにはならなかったようだ。

✡呪いの魔法をかけられた話

本書に包み隠さず書いた通り、筆者の幽体離脱体験は、西洋魔術に端を発している。魔術本を読んで技法を実践し、書かれている通りに幽体離脱できたのだから、その驚きといったら半端ではなかった。筆者が西洋人なら、あるいは海外暮らしだったら、きっとその手の魔術団体の門を叩いていたに違いない。

ところで、西洋魔術に惹きつけられる人々は、それのなにが好きなのだろう。「国内の精神世界・スピリチュアルのジャンルの中で西洋魔術は一番人気が低く、大きなブームになることは決してないだろう」とオカルト雑誌の編集者から聞いたことがあるのだが、ごく少数ながら熱烈なファンがいて、「民明書房の本」同然の魔術本を大枚はたいて買い漁っている。

どうやら魔術には、好きな人にはたまらないツボがあるらしい。が、それはいったいなんだろう。すべてがそうだとは言わないが、筆者が思うに、多分、魔法の儀式の様式美に惹かれているのではなかろうか。美しい魔法円とか、魔術師のローブの姿とか、魔法の杖とか、金ピカの燭台とか、銀の聖杯とか。

当時の筆者はこういった西洋魔術の様式に並々ならぬ「懐かしさ」を感じていた。前世から持ち越したような古い古い記憶のように感じていたのだ。

しかし、アナハタショックの後からは、その感情は消えてしまった。それは、ショックからほどなくして、ある記憶が蘇ったからだった。それは懐かしいが、前世というほど古い記憶ではなかった。

「山にいってキャンプしたりごはんを食べたりするの」という母の言葉にのせられて、小学三年生だった筆者はカブスカウト（ボーイスカウトの小学生の部）に入団することになった。

スカウトの組織は、活動拠点として地元のカトリック教会に集会場所を提供してもらっていた。入団に際して、キリスト教への入信を求められることは無かったが、同期で入ってきた子供たちと親たちが見守る中、一人ずつ教会の十字架の祭壇の前で、入団に際しての誓いの言葉を宣誓させられたのだ。その様子はカメラで撮影された。

「さあ、おまえは神の前で誓ったぞ。証拠写真もあるからな」というわけだ。小学三年生のガキでも容赦はされない。

誓いの言葉はこうだ。

「僕はまじめにしっかりやります！　カブ隊の務めを守ります！」

ボーイスカウトは一九〇七年にイギリスではじまった青少年教育活動で、その組織はフリーメイソンから派生したと言われる。また、日本のフリーメイソンは国内のボーイスカウト団体を支援している。

フリーメイソンの中の人から聞いたところでは、メイソンに入る条件の一つに、「仏教でもキリスト教でもなんでもいいが、信仰を持っていること」というのがある。信仰を持たない者が入会できない理由はおそらく、「誓いの儀」ができないからだろう。神の名において誓えない人間とは、契約を結ぶことはできない。いつ反故にされてもおかしくないからだ。つまりメイソンの秘密を守らせることや、会員の務めを守る誓いを立てさせることができない。

ところで、スカウト(scout)には「偵察」や「斥候」という意味がある。戦争で親を亡くした子供を、食わせてやるかわりに少年兵に仕立て上げ、敵地を偵察させたり時には戦わせたりする少年斥候というものがあった。子供だから警戒されにくいし、殺されたところで悲しむ者はいない。悲惨な歴史だが、今でも似たようなことは行われている。

ボーイスカウトは少年斥候の歴史とはあまり関係はないのだろうが、軍隊と同様上下関係のある組織構造をつくって、野山で子供の軍隊ごっこみたいな活動をする。小学校の遠足とはちがって、大人でもバテるような険しい登山道を歩き、野外生活の実践を行う。

筆者はすぐに場違いなところに来たと感じたが、「誓いの儀」の魔法（呪い）が発動したらしい。何ヶ月にも渡って嫌だ嫌だと喚き散らしても、母は「一度入ったらやめることはできない組織なのよ」と嘘をつき、決してやめさせてくれなかった。大勢の前で誓いを立てた我が子が真っ先にやめていくのは恥だと思っていたのかもしれない。あるいは母は、子育てに自信が持てず、我が子をスカウトに丸投げしたのかもしれないとも思う。

同期で入ったほかの子供たちも、やめる者はいなかった。そういえば、フリーメイソンの中の人も「メイソンに入ってやめた人はいない」と言っていた。それを聞いたとき、よほど楽しいことやおいしい話があるのかと思ったが、多分、そういうものではないのだろう。

スカウト入団の、神前で誓った記憶が蘇ったときはショックだった。長いこと忘れていたのだ。そして、西洋魔術に懐かしさを感じていた理由はまさにこれが原因だったと直観した。「誓いの儀」は、生まれてはじめて経験した西洋の魔術儀式そのものだったのだ。こういうのは、忘れているから潜在意識下からその人に影響を与えてくるのであって、本人が思い出して自覚してしまうと効力は失せる。

「誓いの儀」の呪詛が解けると、西洋魔術への憧れも嘘のように消えてしまった。もはやなんの未練もない。
バトラーが「私の著書は西洋人のために書かれた」と述べている理由が今はよくわかる。基底となる宗教観が生来の文化背景で違うのだ。それは想像以上に生理的なものといえて、筆者も「若いうちは洋食が好きでも、やっぱり和食が一番なじむ日本人」の一人だったようだ。

入団して二年目、父の仕事の都合で遠方に引っ越しすることになり、自動的にカブスカウトとは縁が切れた。それを残念には思わなかったが、カブスカウトはそんなに悪いことばかりでもなかった。多くはないが、楽しいこともあったのだ。

理由はわからずなにかに無性に惹かれるものがある人は、心の奥に忘れている記憶があるに違いない。前世まで持ち出さなくても、近いところでそれは見つかるかもしれない。

✡太陽の裏の顔

X氏は師弟関係というものを否定していた。師弟プレイをはじめると、師は偉い先生という役割に甘んじ、弟子は偉い先生の弟子という役割に甘んじ、師はエゴを増長させ弟子は考えることをやめ、互いに共依存の深い眠りに落ちていくことになる、というのが理由だ。

また、バトラーが演じたようなグル（導師）が弟子に教えを垂れるという古臭いスタイルは、21世紀を待たずに通用しなくなるとX氏は言っていた。実際、そのとおりになってしまった。

X氏はメンバーのことを一度も弟子だと言わなかった。すくなくとも筆者が彼の研究会と関わっていた時期はそうだ。それでも当時、筆者はX氏のことを師だと思っていたが、彼が筆者をどう見ていたかは知らない。とても頭がよく油断ならない人だったので、ただのカモにされていた可能性も否定できない（笑）。

そんなわけで、本書を出すことになったとき、虎の威を借る狐のようなことをX氏が望むわけがないと考えて名前を伏せた。ところが、すぐにそれを暴露しようとするX氏の「新しいお弟子さん」らしき人々が現れた。筆者に困るところはないが、そういうことをすればX氏が喜ぶとでも思ったのだろうか。あるいは、X氏が筆者のことを「あれは昔の俺の弟子だ」と、新しいお弟子さんたちに吹聴したのだろうか。いや、それはちょっと考えにくい。もうろくしたのなら仕方がないが。

本書に書いた研究会の様子から、読者はお察しだろうが、それは小さな宗教団体のようなものだった。そこで得られる知識や体験に価値があると思っているのは先生と信者だけなのだが、信者には盲点になっていてそのことがわからないのだ。部外者から見た先生はかなり変な人に見られているかもしれない。弟子を名乗っても、なんの権威付けにもならないのだ。

X氏の研究会（前期）が、今後の活動方針のことで大いにもめて解散に向かっていたころ（152ページ）、研究会最古参の当時六十歳だった今は亡きN氏が、椎茸エキス入りの日本酒を若き日の筆者にすすめながら言った。「X氏は太陽だから近づきすぎてはだめなんだ。みんな近づきすぎて焼かれるんだ。焼かれてブチ切れて去っていった連中を俺は大勢見てきた」。

やがて、筆者もそういう人々をたくさん見ることになった。中には笑えないケースもあった。注意はしていたが、筆者自身も少し近づきすぎてしまった感は否めない。

大阪の万博公園にある「太陽の塔」を、後ろからご覧になったことがあるだろうか。裏側には、邪悪そうな黒い顔が描かれている。太陽には裏の顔があって、そのダークサイドを見てしまうとほんとにうんざりするものだ。

あるメンバーはX氏に心酔していて、「X氏がいかにすばらしいか」を会うたびに延々と聞かされたものだが、それも遠い昔の話。今では大嫌いみたいだ（笑）。

師弟プレイはいずれはやめる必要がある。だがそのためには、本当に嫌いにならなければならない。そうなってやっと、やめることができる。美談では終われないのだ。

幽体離脱と体外離脱と臨死体験

「幽体離脱（Astral Projection）」は「体外離脱（Out Of Body Experience）」とも呼ばれる。この二つの呼び名は、元々同じ現象（経験）を意味していた。「体外離脱」という言葉を普及させたのは、幽体離脱の実践者にして研究者であったロバート・モンローと共同研究者だ。彼は『魂の体外旅行』という本で次のように語っている。

『初期の文献ではこうした経験は普通「幽体離脱《アストラル・プロジェクション》」と名付けられていた。私はこの用語がオカルト的意味合いをもち、我々の基準からすると確かに非科学的と言えるので、まずこの言葉を拒否して、使わないところから始めた。心理学者で私の友人であるチャールズ・タートは私たちが六十年代に一緒に研究していた時に「体外離脱」という用語を普及させた。過去二十年の内にこの言葉は西洋においてこの特別な状態を表現する一般的な用語として受け入れられるようになった』（ロバート・A・モンロー／著、坂場順子／訳 日本教文社『魂の体外旅行』初版3ページ）

筆者が言う幽体離脱とは、肉体から離れ幽体となってアストラル界で自覚をもって行動す

ることだ（14〜17ページ）。

モンローは、筆者と同じようにアストラル界で自覚をもって行動し、複数の知的存在と遭遇し会話を交わしたりしている。

ところで、「臨死体験」や脳の科学研究の場においても体外離脱という言葉が使われるようになって久しい。**臨死体験（Near Death Experience）とは、事故や病気で生死の境をさまよったときに起きた様々な不思議な体験の総称だ。**

本書の中でも「臨死体験」という言葉を使っているが（18ページ・134ページ）、当時の筆者は不勉強で、それが幽体離脱とよく似た体験なのだろうと思っていた。しかし、それは間違いだ。臨死体験で幽体離脱のような経験をする人もいるが、それは様々な事例の中の一つにすぎない。

「神の存在を感じた」「光に包まれた」「天使の声を聞いた」といった幽体離脱ではない体験も、生死の境で経験したのであれば臨死体験に分類される。

臨死体験の事例をまとめた数冊の本を読んだ限りのことだが、「見ているだけ」の受け身の体験談がほとんどのようだ。たとえば「自分の手術の様子を天井から見ている」というとき、視点だけが体外にあるようで、自分の幽体を確認したりすることはまず無い。下に降りて試しに執刀医の鼻でもつまんでみたらどうだろう。日本人の臨死体験は、「三途の川」や

「お花畑」を見ることが多いそうだが、それだけで幽体離脱とは言い切れない。三途の河原で、平べったい石を投げて水切り遊びをしてみればどうだろう。花の蜜を吸ってみたらどうだろう。幽体離脱ならそういうことができるはずだ。

臨死体験者は変わったヴィジョンを見はするが、見ることに夢中で**自らの意志でなにかを行うという能動性がほとんど認められない**。筆者なら、こういう場合はリアルな夢あるいは明晰夢だと判断するが、臨死体験を研究している臨床の現場では、肉体から離れた位置に視点があれば「体外離脱」と判断したりする。臨死体験者からいくら話を聞き出しても、同じ経験を持たない聞き手には正確には理解できないのだろう。大きな勘違いをしている可能性がつきまとう。

そして、**体外離脱という言葉はもはや、幽体離脱よりも広い範囲の体験を指し示す言葉に変化してしまったようだ**。

脳を電気刺激すると幽体離脱が起きる?

「脳に電気刺激を与えると体外離脱が起きる」といった話が、ネットなどで無邪気に喧伝されている。この話が有名になったのは一九九一年三月に放送された「ＮＨＫスペシャル『臨死体験』人は死ぬ時何を見るのか（立花隆レポート）」というドキュメンタリー番組からだろう。古いネタだが、ネットがなかった当時、テレビの力は大変大きく、未だにこの番組の洗脳から解けていない人々が大勢いる。

番組の中で、臨死体験の研究をしている小児科医メルヴィン・モースが立花隆に言う。

『ペンフィールドがシルヴィウス溝を刺激すると患者たちは体外離脱を体験しました。体からもう一つの自分が離れていくと語っているのです。ここにそのときの記録があります。ペンフィールドがシルヴィウス溝の一部を刺激すると、患者は「体から自分が抜けだして周りで起きていることがよく見える」、「まるで第三者になって実験を見ているようだ」と語っています。ペンフィールドがシルヴィウス溝の他の部分、多分同じ神経組織の一部だと思いますが、そこを刺激すると患者は「神を見た」と答えています。近くの別の部分を刺激すると今度は「天国のような音楽が聞こえる」といっています。そしてまた別の部分では「死んだ家族に出会った」と語っているのです』

ペンフィールドの著書『脳と心の神秘』には、電気刺激によって生じた様々な事例が書かれている。本人の意志に関係なく、肉体の腕が勝手に持ち上がったり、声が聞こえたり、見ているものがだんだん大きくなって近づいてくるような錯覚を引き起こしたりと様々だが、幽体離脱だと断言できそうな事例は書かれていなかった。

モースはペンフィールドの研究の検討に着手し〝四十年前の教科書の山を探した結果、脳のある部分を電気刺激すると、体外離脱が引き起こされたと明確に記述されている文献をみつけた〟（メルヴィン・モース＋ポール・ペリー／著、立花隆／監修、TBSブリタニカ編集部／訳『臨死体験・光の世界へ』148ページ）と書いているが、その文献名は示されていない。

筆者はペンフィールドが書いた文献すべてに目を通したわけではないから、どこかに書かれているのかもしれないが、彼の主著である『脳と心の神秘』に書かれている豊富な事例の中に見つからないところを見ると、かなり稀な事例か、あるいは数ある事例の一部をモースが体外離脱だと解釈しただけのように思える。

ペンフィールドは電気刺激の際の患者の意識の状態を次のように説明している。

『電極による解釈野の刺激で過去の経験が再現される場合、患者の意識にどのような変化が起こるかを考えていただきたい。意識の流れが彼にとって急に二重になるのだ。彼は手術室の中で起こっていることと一緒に、過去の経験の「フラッシュバック」を意識する。そして両方の意識の流れの意味を医師と論じることができるのである』（ワイルダー・ペンフィールド

／著　塚田裕三・山川宏／訳、法政大学出版局『脳と心の神秘』111ページ）

患者は「なにかを見た」「だれそれの声を聞いた」といった経験をしつつ、そのことをペンフィールドに報告しているが、幽体離脱では意識の流れは二重にはならないと思う。しかし、肉体と幽体（肉体から離れ別の現実を見ている幽体）との間を行ったり来たり瞬間的に切り替えられたことが筆者にはある。だが、肉体で言葉を話そうとしたり手を動かそうとしたりすると目がさめて体脱状態は終了してしまう。だからリアルタイムで幽体離脱の報告をすることは難しい。

また、**電気刺激の事例は、どれも受け身の体験ばかりで、「自分からこうしてみた」という能動性がまったく認められない。**「体から離れた」といっても、前述の臨死体験で起きた体外離脱の事例と同様に、被験者はただ見ているだけだ。ペンフィールドも患者の体験を「フラッシュバック」と呼んでいて、過去の記憶が呼び覚まされるものとみなしているようだ。たとえば、過去に旅行した場所の景色が想起されたりする。幽体離脱でどこかの町に行ったなら、幽体で能動的に行動できる。人と会話することも抱きしめることもできる。電気刺激では、そういう行動を取る者は一人も登場しない。

もう一つ、「脳への電気刺激で体外離脱が起きる説」の根拠としてよく引き合いに出されるのが、二〇〇二年に総合学術雑誌「ネイチャー」に掲載されたオラフ・ブランケの論文だ。*
論文には「電気刺激を強くすると体外離脱が発生した」と書かれている。そのとき患者は「ベッドによこたわっている自分が見えるが、脚と下半身しか見えません」と証言しているが、これもペンフィールドのときと同じで、患者は手術を受けている自分とベッドの上空にいる自分との二重の意識を持っているが、主に視覚の異変にすぎず、自在に動き回れるというわけではないらしい。

そんなわけで、電気刺激による体外離脱とやらは、筆者やロバート・モンローが経験していた幽体離脱とは大きく違う。

だいたい、モンローが広めた「体外離脱」という言葉が、このような混乱を引き起こす原因になっているのではあるまいか。自分の体を外から見たような感じさえあれば、本来の意味とはかけ離れた体験であっても、たとえば普通の夢でも、体外離脱だと思いこんでしまう。大勢が言葉を誤用するようになると、しまいには誤用も正しい使い方とみなされるようになる。言葉とはそういうものだろう。

だから「幽体離脱をした」「体外離脱が起きた」などと書いてある文献を読むときは、書いた者がどういうニュアンスでその言葉を使っているかに注意しよう。自分がまったく経験したことがないことを、他人の体験談から理解するのは難しい。自分と同じ経験を持たない人に、自分の経験を説明することも難しい。想像以上に困難なものだ。

＊ Blank,O., Ortigue, S., Landis, T., & Seeck, M.,Neuropsychology:Stimulating illusory own-body perceptions. The part of the brain that can induce out-of-body experiences has been located. Nature,2002,419:269-270. https://www.ncbi.nlm.nih.gov/pubmed/12239558

あとがき

本書は筆者のホームページ「魅惑の星幽界」で、二〇〇二年から公開していた、「幽体離脱入門」(http://tetramorph.to/oobe/panf/)を元にしています。

しかし公開してからずいぶん時が経ち、今にして読み返すと、あちこちに粗が目立ち、本として出版するには、ふさわしくない内容も含まれているため、ほとんどすべて、最初から書き直しました。また、これまで語ることを差し控えていたことも、そろそろ時が来たと思い、書き加えることにしました。

個人ホームページは、所詮は自己満足だし、更新も自由なので、気軽に書き飛ばしてしまいがちです。それが良さでもあるのですが、砂の上に落書きするような、はかなさも感じていたのです。

しかし、本は永遠の命を持ちます。図書館に収められ、読者の手元にずっと残るのだと思うと、書くときの気合いと覚悟が違ってくるのでした。すると自分には表現できないと思っていたことも、書けてしまえるのでした。

これまでホームページの読者から、たくさんのメールを頂きました。回答を保留にしたものもありましたが、本書は改めての、その回答です。

筆者は幽体離脱をきっかけに、たくさんの注目すべき人々と出会いました。これが、幽体離脱をして一番良かったと思えることです。

筆者が東京へ着地する足場を作ってくれたI氏に。
X氏と当時の研究会のメンバーたちに。
名も無き筆者の幽体離脱講座に、足を運んでくださった方々に。
挿絵を描いてくれた家内の照水《てるみ》に。
本書を捧げます。

この道の探求に乗り出して、今年はちょうど二十年目に当たります。「どんなことでも二十年続ければものになる」、などと言われますが、やっと一冊の本にまとめることができました。

二〇〇九年八月二十三日　横浜にて

増補改訂版刊行によせて

筆者はここ数年間、幽体離脱そのものからは離れて、アナハタショック以降にはじめたタロットカード研究（194ページ）のまとめを進め、二〇一八年に『タロットの謎』（アールズ出版）を上梓しました。X氏の研究会に参加してから二十九年目のことでした。これは西洋占星術で土星が黄道十二宮を一周しておなじ星座《サイン》に回帰する年数です。土星は死と再生を司るとされ「はじめにして終わり」を意味します。昔撒いたタネが成長しやがて枯れてタネを大地に返すように、同書は筆者の長年の研究のエッセンスをすべて注ぎ込んだ本となりました。ご興味があればご一読ください。

筆者は幽体離脱とタロットの二つの本を出すことを長年の目標にしてきたのですが、両方が達成できてしまったので気が抜けてしまいました。次の目標も決められないまま二〇一九年も終わりに近づいたころ、『幽体離脱入門』の新装版を出そうという話が来ました。初版からちょうど十年目、X氏の研究会に参加した年から数えると三十年目です。出版社に聞いたところ、本書『幽体離脱入門』はなかなかのロングセラーだとのこと。そして十周年記念に、増補稿も入れようという話になったのです。

そこで、あらためて本書を読み返してみたのですが、中二病のような体験を未熟な文章で赤裸々に語っているようで、大変はずかしい気分になりました。しかし、これも本書の味だと思い、大きな修正はほどこさず、そのままにしておくことにしました。

これまで「幽体離脱できました」という報告を大勢の方からいただきましたが、本書を筆者の古い知りあいに見せても、いまだに幽体離脱が起きることを信じようとしません。普通の人にはとてもじゃないが信じられないことのようです。また、明晰夢を研究されているある教授は本書のメソッドで幽体離脱を経験されたのですが、追儺《ついな》の儀式で起きたアナハタショックのところは、まだ信じられないと言います。これは無理もないことでしょう。「大天使の召喚に成功しました」という報告はまだ一例もありません。しかし、そのうちきっと、やり遂げる人も出てくるはずです。

幽体離脱は他人に見せることができません。幽体はカメラに写るようなものではないからです。他人を強制的に幽体離脱させる方法もありません。どうあがいても証拠を見せる方法がないということです。ですから、せいぜい体験談や幽体離脱を引き起こす方法を紹介して各人に試してもらうしかありません。

幸い、本書の幽体離脱メソッドの効能は確かなものです。初版が出た当初、幽体離脱を経験したという人は、筆者のまわりにいる数人でしたが、それから十年の間に数十人の方から体脱に成功したという報告を頂きました。すべての方が筆者に報告してくれるわけではないので、実際にはもっとたくさんの成功者がいるはずです。

今はネットのおかげで幽体離脱の知名度もずいぶん上がりました。その反面、ネットの匿名性に隠れて、むちゃくちゃな体験談や幽体離脱法を吹聴する人々もいるようです。しかし、証拠を見せようがないという幽体離脱の性質上、それらの情報を嘘だと否定することもできません。しかし、幽体離脱ができるようになった人々は、そのような嘘に対して鼻が効くようになっていると思うのですがどうでしょう。

ネットの情報から真偽を嗅ぎ取れない人々は、大概は時間を無駄にするでしょうし、健康を害することもあるかもしれません。その点、本書のやり方を忠実に守る人は、だいぶ時間を節約できるはずです。

バトラーは「価値ある情報とゴミを識別せよ」と言っています。彼が活躍していた時代、ネットなどありませんでしたが、彼が残したジジイの説教めいた言葉の数々、「メソッドをまぜるな」「練習していることを他言するな」「相談相手が多いとかえって迷う」「ドラッグは危険」「近頃はインスタントなものばかりがもてはやされる」などからは、昔も今も似たようなことがこの界隈では繰り返されていることが分かります。それが幽体離脱を試みる人々が背負う宿命なのでしょう。「天が下に新しきものなし」です。

そんな中で幽体離脱をすることの意義は、世間では「ありえない」とされていることでも、信じて実践すれば、やがてそれが本当だったことを、幽体の身をもって体験できることです。自分の中の思い込みや、世間に刷り込まれた常識の壁を超えようとするときには、「信じる力」が必要です。最初は半信半疑でも、練習を続けるうちにそれは少しずつ「必ずできる」という確信に変わっていくでしょう。「信じる力」が充分に発達したら、幽体離脱はおろか大天使を召喚することですら可能になるのです。

そして、真実であることが証明できない真実もあること。その裏返しとして、理屈上は間違いだと証明できなくても間違っていることもあることを理解します。

幽体離脱に成功すると、アストラル界で遊ぶという稀有な体験ができます。鏡に写る自分の幽体を見たり、幽体の片目や片耳を手でふさいで、光や音を立体的に把握していることを確認したり、空を飛んでみたりしましょう。幽体は人間の第二の存在形態なのです。

宇宙旅行は「重力の束縛を離れ宇宙に行き自らが住む地球を外から眺める体験」ですが、幽体離脱は「アストラル界という異世界に行き、自らが住む物理法則に支配された宇宙を外から眺める体験」です。それは宇宙に行くのと同じか、それ以上に貴重な体験ではないでしょうか。宇宙旅行はお金で買えますが、幽体離脱は買えません。

二〇一九年十二月二十六日　横浜にて

参考文献

『魔法入門』（W．E．バトラー／著、大沼忠弘／訳、角川文庫）
『魔法修行』（W．E．バトラー／著、大沼忠弘／訳、平河出版社）
『Apprenticed to MAGIC（The Path to Magical Attainment）』（W.E.Butler, THE AQUARIAN PRESS）
『The Magician（HIS TRAINING AND WORK）』（W.E.Butler, Melvin Powers）
『PRACTICAL MAGIC AND THE WESTERN MYSTERY TRADITION』（W.E.Butler, Dolores Ashcroft-Nowicki, THE AQUARIAN PRESS）
『実践カバラ』（大沼忠弘／著、人文書院）
『奇跡を求めて――グルジェフの神秘宇宙論』（P．D．ウスペンスキー／著、浅井雅志／訳、平河出版社）
『グルジェフ弟子たちに語る』（G．I．グルジェフ／著、前田樹子／訳、めるくまーる社）
『ウスペンスキー』（コリン・ウィルソン／著、中村正明／訳、河出書房新社）
『神秘学概論』（ルドルフ・シュタイナー／著、高橋巖／訳、筑摩書房）
『神秘学概論』（ルドルフ・シュタイナー／著、西川隆範／訳、イザラ書房）
『神秘学講義』（高橋巖／著、角川選書）
『いかにして超感覚世界の認識を獲得するか』（ルドルフ・シュタイナー／著、高橋巖／訳、イザラ書房）
『物質と記憶』（アンリ・ベルクソン／著、合田正人・松本力／訳、筑摩書房）
『意識の10の階梯』（松村潔／著、ＶＯＩＣＥ出版）
『叢書現代の宗教４ 宗教経験と身体』（湯浅泰雄／著、岩波書店）
『死の体験（臨死現象の探求）』（カール・ベッカー／著、法蔵館）

『自己の探求』（中村元／著、青土社）
『生と死の接点』（河合隼雄／著、岩波書店）
『マインド・タイム（脳と意識の時間）』（ベンジャミン・リベット／著、下條信輔／訳、岩波書店）
『奇跡の探求Ⅱ（七身体の神秘）』（和尚／講話、和尚サクシン瞑想センター／訳、市民出版社）
『内なる宇宙の発見』（和尚／講話、田中ぱる／訳、市民出版社）
『アメジスト・タブレット・プロローグ――純粋冥想の道標』（ダンテス・ダイジ／著、森北出版）
『ゲド戦記1（影との戦い）』（アーシュラ・K・ル＝グウィン／著、清水真砂子／訳、岩波少年文庫）
『夢見の技法――超意識への飛翔』（カルロス・カスタネダ／著、真崎義博／訳、二見書房）
『体を抜けだし空を飛べ（ザックのふしぎたいけんノート）』（ダン・グリーンバーグ著、原ゆたか／絵、原京子／訳、メディアファクトリー）
『魂の科学』（スワミ・ヨーゲシヴァラナンダ／著、木村一夫／訳、たま出版）
『魂の体外旅行』（ロバート・A・モンロー／著、坂場順子／訳、日本教文社）
『臨死体験・光の世界へ』（メルヴィン・モース＋ポール・ペリー／著、立花隆／監修、TBSブリタニカ編集部／訳）
『脳と心の神秘』（ワイルダー・ペンフィールド／著、塚田裕三・山川宏／訳、法政大学出版局）
Neuropsychology:『Stimulating illusory own-body perceptions（The part of the brain that can induce out-of-body experiences has been located)』（Blank,O., Ortigue, S., Landis, T., & Seeck, M., Nature, 2002, 419:269-270.）

本書で使用した図版の一部は、"Microsoft Office PowerPoint 2003" とそのクリップアートを使用して作成しました。

著者プロフィール

大澤義孝（おおさわ・よしたか）

1964年生まれ。神秘思想研究家。10代よりゲーム・プログラマーとして活躍する。22歳のとき練習によって幽体離脱に成功し、以降、不思議なアストラル世界の探検に熱中。40代で長年の経験をまとめた本書を発表し、「誰でも練習で可能になる幽体離脱法」を提唱する。現在は、それらの経験から得た知見をもとにタロットカード解読を研究。また、本書をテキストにした幽体離脱の通信講座も主宰。
著書に『幽体離脱入門』『幽体離脱トレーニングブック』『タロットの謎』（すべてアールズ出版）。
E-Mail ; oobe@tetramorph.to
ホームページ ; http://tetramorph.to/

本文組版／片岡　力
図表制作／㈱エム企画

本書は2009年にアールズ出版より初版刊行された『幽体離脱入門』に増補改訂を加えたものです。

〈増補改訂版〉幽体離脱入門

2020年4月30日　増補改訂版第1刷発行

著　者　大澤義孝
装　幀　中山銀士
発行者　森　弘毅
発行所　株式会社アールズ出版
東京都文京区春日2-10-19-702　〒112-0003
TEL03-5805-1781　FAX03-5805-1780
http://www.rs-shuppan.co.jp
印刷・製本　中央精版印刷株式会社

ISBN978-4-86204-303-0 C0011